本书为国家社会科学基金项目“公共教育支出影响居民代际收入流动的机制及实证研究”（13CJY018）的最终结项报告，得到国家社会科学基金委及湖北大学商学院的资助

公共教育支出对居民代际收入流动的影响：理论与经验分析

徐俊武◎著

经济管理出版社
ECONOMY & MANAGEMENT PUBLISHING HOUSE

图书在版编目（CIP）数据

公共教育支出对居民代际收入流动的影响：理论与经验分析/徐俊武著．—北京：经济管理出版社，2018.10
ISBN 978－7－5096－6068－3

Ⅰ.①公…　Ⅱ.①徐…　Ⅲ.①教育经费—财政支出—影响—国民收入分配—研究—中国　Ⅳ.①F124.7

中国版本图书馆 CIP 数据核字（2018）第 232822 号

组稿编辑：何　蒂
责任编辑：何　蒂　钱雨荷
责任印制：黄章平
责任校对：陈　颖

出版发行：经济管理出版社
（北京市海淀区北蜂窝 8 号中雅大厦 A 座 11 层　100038）
网　　址：www.E－mp.com.cn
电　　话：（010）51915602
印　　刷：北京玺诚印务有限公司
经　　销：新华书店
开　　本：720mm×1000mm/16
印　　张：10.75
字　　数：163 千字
版　　次：2018 年 10 月第 1 版　　2018 年 10 月第 1 次印刷
书　　号：ISBN 978－7－5096－6068－3
定　　价：45.00 元

本书是国家社会科学基金项目“公共教育支出影响居民代际收入流动的机制及实证研究”（13CJY018）的最终结项报告，作者感谢国家社会科学基金委及湖北大学商学院的资助。

序

徐俊武的著作《公共教育支出对居民代际收入流动的影响：理论与经验分析》即将出版，作为他的博士生导师，我欣然接受其邀请，为之作序。

本书是在他主持并完成国家社科基金项目“公共教育支出影响居民代际收入流动的机制及实证分析”的结项成果基础上修改完成。本书从构思到面世历经五年，数易其稿，饱含了作者的大量心血。作者构建了一个包含公共教育支出与代际收入流动的一般分析框架，从理论与经验两个方面展开，重点分析公共教育支出对居民代际收入流动性的影响机制。

首先，本书研究内容有重要的现实意义。代际收入流动衡量的是一个人的收入水平受其上一代人收入水平影响的程度。代际收入流动性不仅反映收入差距，也反映活力。代际收入流动性越大，社会就越有活力。“二代”现象是我国改革进入深水区以后出现的新词汇，体现出近年来我国居民收入差距变化的新趋势。同一代居民之间的收入差距越来越倾向于延续甚至扩大到下一代人之间，即横向收入差距的扩大可能正在加剧纵向收入差距的形成，使得代际间的收入流动性下降，因此才呈现出民间所谓的“二代”现象。这一现象显然有悖于中共十八大以来党中央倡导的“自由、平等、公正、法治”的社会主义核心价值观，也与改革开放以来我国政府一直倡导的“机会公平”“勤劳致富”等观念不符。对这一问题进行深入分析，显然有利于我国经济和社会更健康持续地发展。

其次，本书把理论分析与经验分析相结合，探讨公共教育支出对居民代际收入流动的影响。作者构建了一个公共支出—收入不平等—经济增长框架，为分析公共教育支出对代际收入流动性的影响提供了理论基础。在描述了中国居民代际收入流动与公共教育支出现状的基础上，作者通过两步构建了公共教育支出影响代际流动性的理论框架，接着是公共教育支出对居民代际收入流动性影响的经验分析。把理论分析与经验分析结合起来是本书的特色。

最后，本书的建模及模型推导严谨。本书基于现有的成熟理论模型进行推理，并将具体的分析过程和测算方法以附录的形式展现出来，有利于学界同行参考。通过较为严格的经验分析，作者得到了一系列结论，其中比较重要的有以下三点：

一是总体上我国的代际收入弹性处于中等偏高水平，其中东部地区代际收入流动性最高、中部次之、西部最低。这说明经济越发达，代际收入流动性也越高。这也在一定程度上验证了国外一些学者对地区的比较研究，如 Comi 对欧洲北部地区和南部地区代际收入流动性进行了比较分析，他认为欧洲北部地区代际收入流动性较大的原因主要在于其公共教育支出较大，教育提高了代际收入流动性。

二是公共教育支出是缓解家庭信贷约束的核心公共产品，能显著提高代际流动性。公共教育支出与居民收入流动性的关系是本书的核心问题。尽管本书较系统地分析了公共教育支出对居民收入流动性的影响，但有一些问题还需要作进一步的探讨。如预算管理体制与公共教育支出、教育管理体制与公共教育支出等。同样数量的公共教育支出在不同体制下对居民收入流动性的影响是不一样的。我们知道，西方学者比较注重先赋性因素、自致性因素对代际流动性的影响，但中国在转型过程中，社会性因素（制度性因素）的作用也不能忽视，如中国的户籍制度、工作单位类型、政治面貌、家族等因素，所以研究中国问题必须将中国国情考虑进来。

三是大学教育对提高组内代际收入流动性作用最明显，而高中教育在组内对于提高代际收入流动性的作用最不明显。值得指出的是，公共教育支出对我国大学教育和高中教育的影响也是不一样的。通过公共教育支出的调整优化我国教育结构是一个值得探讨的重大问题。我国高中受教育程度占比还比较低（低于中等收入国家的平均水平），这既不利于提高我国代际收入的流动性，也不利于我国跨过中等收入陷阱。

就本书而言，我一方面为徐俊武博士习得经济学研究方法并能熟练地运用感到欣慰，另一方面也希望他利用其宝贵的时间和精力继续努力，做出更具价值的理论成果。

卢现祥

2018 年 6 月 18 日于南湖

摘　要

近年来，我国居民收入差距又有了新的变化趋势。同一代居民之间的收入差距越来越倾向于延续甚至扩大到下一代人之间，即横向收入差距的扩大可能在加剧纵向收入差距的形成，使得代际间的收入流动性下降，呈现出民间所谓的“二代”现象。这一现象显然有悖于党中央所倡导的“自由、平等、公正、法治”的社会主义核心价值观，也与改革开放以来我国政府一直倡导的“机会公平”“勤劳致富”等观念不符。那么现阶段的中国，如何准确测量居民代际收入流动性？其程度如何？传递机制又是怎样的？以及公共教育支出对影响代际收入流动性有何作用？其作用机制与影响程度分别如何？为了解答上述疑问，我们需要深入分析。

从理论方面讲，横向收入分配的研究已经汗牛充栋，而对纵向收入分配（即代际收入流动）的研究却方兴未艾。最近十几年，西方国家对收入差距的研究已经逐渐从基尼系数这样的静态指标转移到代际收入流动性这样的动态指标上来，但从公共教育支出角度进行的研究较为少见，本书的研究有助于理解公共教育支出影响代际收入流动的机制与程度，可能对完善收入分配理论有补充作用。

本书以公共教育支出对居民代际收入流动性的影响为主线，从理论与经验两个方面展开，重点分析公共教育支出对居民代际收入流动性的影响机制。为此，在现有相关研究的基础上，我们构建了一个一般性的分析框架：首先基于收入不平等—经济增长框架分析公共教育支出对收入不平等和经济增长的作用；其次测算当前我国居民代际收入的流动程度，并描述公共教育支出内涵与特征；再次比较分析不同教育支出体制下的代际收入流动性，在此基础上构建一个公共教育支出对代际收入流动性影响的一般均衡模型；最后通过一个多重门槛回归模型计量分析了公共教育支出对代际收入流动性的影响以及子代受教育程度对代际流动性的影响。通过上述分析，本书得到以下结论：

第一，在考察公共教育支出与收入不平等和经济增长的关系之后发现：①政府增加当期的公共教育支出会阻碍经济增长，并且收入不平等也会对经济增长产生阻碍作用。②公共教育支出对未来而非现期的经济增长具有促进作用，公共教育支出的增加会使当期经济增长速度下降，但对三年以后的经济增长有正向激励作用。③公共教育支出对当期和长期经济增长的这种负向和正向效应具有稳健性，虽然不同的外生变量的加入对公共教育支出的系数大小会产生显著的变化，但是其符号仍然没有变化。

第二，利用 CHIP2007 数据和相关统计数据分别观测中国的代际收入流动性和公共教育支出的特征发现：①2007 年总体样本中的代际收入弹性为 0. 414，其中城镇和农村的代际收入弹性分别为 0. 382 和 0. 236。总体上，我国的代际收入弹性处于中等偏高水平。②通过转换矩阵法测算我国东、中、西三大区域的代际收入流动性，发现我国东部地区代际收入流动性最高，中部次之，西部地区最低。③从公共教育支出的规模上看，近 20 年来我国公共教育支出增长速度明显加快，但仍然低于中等收入国家平均水平；从我国地方公共教育支出的结构来看，人员经费比重逐年上升，公用经费比重逐年下降，且人员经费部分所占比重大大高于公用经费所占比重；从公共教育支出的分配结构来看，我国生均教育经费指数不断改善，各级教育的普及和教育质量均有提高，目前小学生均教育经费指数基本达到了 2000 年经济合作与发展组织（OECD）国家平均水平。

第三，通过考察公共教育支出对代际收入流动的影响机制发现：①公共教育支出影响代际收入流动的逻辑在于，低收入家庭的父代在对子代进行人力资本投资时可能会遭遇到信贷约束，而公共教育支出是缓解这一约束的核心公共产品，它可以削弱家庭财富对子代的影响，从而提高代际流动性。②公共教育支出能够影响代际收入流动的原因在于，如果初始不平等程度给定，在转移动态及稳态时，公共教育体制下不平等程度的短期值与长期值总是较市场教育体制下低；对于任何一代人，公共教育体制下的代际流动性总是高于市场教育体制下的代际流动性。③公共教育支出影响代际收入流动的路径在于，长期内公共教育支出可以改善落后地区教育资源，提高教育质量，以削弱父代收入不平等导致的子女受教育程度差别，从而缓解人力资本形成的差别，进而可以提高代际收入的流动性。④基于公共教育支出影响代际流动性的动态一般均衡分析，发现不同的教育成本函数使不平等程度结合代际流动性呈现不同的变化过程，并且在整个转移动态中子代与父代的受教育类型存在正相关关系。因此，从理论上解释了为什么受教育程度是可识别的代际收入传递路径中作用最重要的影响因素，以及为什么提高公共教育支出可以缓解代际固化。

第四，对中国公共教育支出影响居民代际收入流动的程度的经验分析发现：①我国代际收入流动性较低，各地区公共教育支出水平的确会影响代际收入流动性的大小。②随着政府公共教育支出水平的提高，公共教育支出水平越高（生均教育经费高于1161.73元）的地区代际收入流动性的增加越显著。③各地区公共教育支出对代际收入流动性的影响程度并不随地区经济发展水平的不同而不同。④子代受教育程度的确对我国代际收入流动性具有显著影响，并且在各组内随着受教育程度的提高，子代收入对父代收入的依赖性下降，代际收入流动性提高，其中大学教育对提高组内代际收入流动性作用最明显，而高中教育在组内对于提高代际收入流动性的作用最不明显。

针对上述结论，本书提出了以下政策建议：

第一，合理运用公共支出政策以促进收入分配公平与代际收入流动是下阶段我国实现经济工作的主要方向。因为我国收入不平等对经济增长具有显著的负效应，已经成为阻碍我国经济持续稳定增长的关键因素。

第二，要从根本上保证公共教育经费不被挪用，实现公共教育支出经费（财政预算内教育经费）占GDP的比重不低于4%，应该通过各级人大会议设立法律保障，规范政府的财政教育经费投入，并明确具体的奖惩机制，与主管官员的绩效考核挂钩。

第三，中央政府增加对中西部地区高校尤其是普通本科院校的公共财政支持力度，可能非常有利于我国代际收入流动性的改善。由于中西部代际收入的流动性要低于东部，因此中央财政在对地方财政转移支付时应充分考虑这一点。改革开放以来，东、中、西部的经济差距不断拉大，中西部地方政府教育经费支出明显不如东部，这是导致中西部高校集体“陷落”的一个重要原因。考虑到大学教育在提高代际流动性方面的突出作用，中央增加对中西部地方高校尤其是普通本科院校的公共财政支持力度可能非常有利于我国代际收入流动性的改善。

第四，公共教育支出政策应该保持连续性。经验研究显示，虽然公共教育支出在改善代际流动性方面具有重要作用，但需要在一个较高的水平上才能明显体现出来。这也提醒我们，当观察到公共教育支出对代际收入流动性影响不显著时，可能是受到了支出规模的影响。因此，无论是经济发达地区还是落后地区，政府对公共教育支出都需要有一定耐心，政策应该保持连续性，只有持续提高公共教育支出水平才能增强整个社会的阶层流动性。

第五，进一步优化和完善公共教育支出结构。本书还发现大学教育对提高组内代际收入流动性作用最明显，而高中教育在组内对于提高代际收入流动性的作用最不明显。因此，首先，要完善大学尤其是普通非重点大学的奖、助学金体制，为人力资本投资提供更为完善的金融信贷市场环境，对寒门学子实现经济社会地位的跃升可能有显著作用；其次，要继续深化教育制度改革，应优化高中教育改革，减少选拔考试的准备时间，更加注重学生的知识技能培养，提高教育回报率；最后，要发挥政府的作用尽力弥补劳动力市场失灵，为市场体制改革和教育制度改革提供保障，缓解当前教育结构与社会需求结构失衡的问题。

第六，为使受教育人数达到最大，不同经济发展阶段的国家应采取不同的税率。最优的税收政策应该在经济发展初始阶段设定较高税率，随后逐步降低，从而使每一期的受教育人数都能够达到最大化。这为我国的税制改革提供了理论参考，不考虑经济发展阶段进行比较不同国家的税率政策意义不大。

此外，需要强调的是，直接以某一程度的代际流动性作为“标杆”的公共政策并不可取，有一个明确目标的确为评判在位政府官员业绩提供了标尺，但这绝不是制定公共政策的初衷。由于现有研究还不能给出最优代际流动性程度的标准，故笼统地提出“提高代际收入流动性”口号并不应成为政策制定者的目标。

从研究内容来说，本书包含代际流动性的测量、不同教育支出体制对代际流动性影响的 OLG 模型分析、公共教育支出影响代际流动性的一般均衡分析、公共教育支出影响代际流动性的多重门槛回归分析等，这些研究内容不能说是完全创新，更合适的说法是，在国内外近二三十年研究的基础上，结合中国现实与现有可能挖掘到的数据，是对当代中国代际收入流动问题的一种初步的、全面的研究尝试。

目　录

第一章　导论

一、研究背景

进入21世纪以来，虽然不断面临各种危机和挑战，但中国政府在推进经济改革方面依然取得了巨大成就。国民经济保持着较高的增速，经济总量跃居世界第二，同时城乡居民收入也保持了较快的增长速度。然而，伴随着经济高速增长，近些年出现了一些让人不安的现象和趋势，成为中国经济未来进一步发展的隐忧。这其中的一个突出问题在于持续多年的城乡差距、地区差距以及行业差距没有呈现出明显缩小的趋势。根据国家统计局公布的数据，2007年城乡人均收入比率（城镇/农村）达到3.33倍，这也是改革开放以来的最高值。虽然在2013年此比率下降至3.03倍，但城乡之间仍然存在着非常明显的名义货币收入差距。作为反映居民横向收入差距指标的基尼系数，2006年以来虽有所回落，但趋势缓慢，依然处于较高的水平，1990～2015年我国的基尼系数变化趋势如图1－1所示①。

由图1－1可看出，自1994年以来，我国的居民收入差距一直处于“收入差距较大”的水平，并且在2009年附近一度逼近“收入差距悬殊”。虽然2006年

---

① 基尼系数低于0.2，表示收入绝对平均；基尼系数在0.2～0.3，表示收入比较平均；基尼系数在0.3～0.4，表示收入相对合理；基尼系数在0.4～0.5，表示收入差距较大；基尼系数在0.5以上，表示收入差距悬殊。

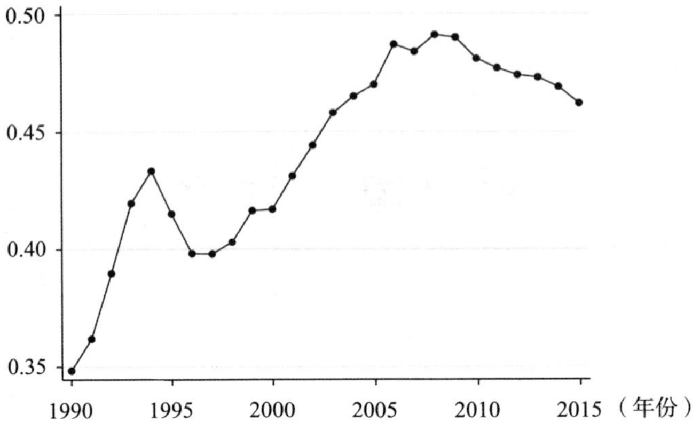

图1-1　中国的基尼系数趋势

资料来源：《中国统计年鉴》。

至今我国的基尼系数有所下降，但始终高于国际上一般公认的警戒线水平0.4，并没有步入“收入相对合理”的层次，仍然高于大多数OECD国家和发展中国家。缩小居民收入差距刻不容缓，这是实现“三步走”战略的必经之路，也是共同富裕和包容性增长的应有之义。正是因为中国领导人清醒地认识到了这一紧迫性的问题，在2013年11月的中共十八届三中全会上明确提出，要规范收入分配秩序，完善我国收入分配调控机制以及政策体系，保护合法收入，调节过高收入，清理规范隐性收入，取缔非法收入，增加低收入者收入，扩大中等收入者比重，努力缩小城乡、区域、行业收入分配差距，逐步形成橄榄型分配格局。

近年来，我国居民收入差距又有了新的变化趋势。上述三大差距所导致的同一代居民之间的收入差距越来越倾向于延续甚至扩大到下一代人之间，即横向收入差距的扩大可能在加剧纵向收入差距的形成，收入差距呈现出代际传递性，也就是民间所谓的“官二代”“富二代”“穷二代”等“二代”现象。近年来，由于这些“二代”所产生的社会矛盾层出不穷，逐渐演化为社会关注的焦点。如果“二代”以及与此相关的“拼爹”现象等被越来越多青年人当作社会主流，那显然有悖于中共十八大所倡导的“自由、平等、公正、法治”的社会主义核心价值观，也与改革开放以来中国政府一直倡导的“机会公平”“勤劳致富”等观念不符。如果人们的收入水平不仅仅取决于他们自身的技能和努力程度，而是在更大程度上取决于他们父母的收入水平、社会地位甚至社会关系，那么随着这种扭曲机制的持续作用，未来必然会阻碍中国社会和经济的长期发展。

二、研究主题

Becker 和 Tome（1979）开创了代际收入研究，他们认为收入不平等分为横向不平等和纵向不平等两个维度。前者指同一代人之间的收入不平等，后者指不同代之间的收入不平等。学界习惯上将纵向收入不平等称之为代际不平等。代际不平等严重地损害了社会公平，它阻断了处于社会底层的个体上升的通道。当个体无法通过自身的努力改变自己的收入状况和社会地位时，社会流动性就会在很大程度上下降，社会阶层极有可能趋于固化。

教育一直被认为是居民收入代际传递的主要工具，其投入是父代对子代进行人力资本投资的有效途径。公共教育支出作为对儿童进行人力资本投资的有效补充形式，在中国一直具有重要地位。作为一个转型国家，在很长一段时间内，公共教育支出是中国家庭父代对子代进行教育投入的主要来源。正是改革开放初期政府持续的大规模公共教育支出，才实现了一代代青年“寒门出贵子”“鲤鱼跃龙门”的梦想。最近一些研究也证实了在很大程度上公共教育支出是增加代际收入流动性、阻止“二代”现象蔓延的主要因素（杨继波、吴柏钧，2015；杨娟、赖德胜，2015）。那么，具体到现阶段的中国，如何准确测量居民代际收入流动性？其程度如何？特征又是什么？公共教育支出如何影响代际收入流动性？其作用机制和影响程度分别如何？为了解答上述疑问，我们需要深入分析。

三、研究框架

本书以研究公共教育支出对居民代际收入流动性的影响为主线，从理论与经验两个方面展开，重点分析公共教育支出对居民代际收入流动性的影响机制。为此，在现有相关研究的基础上，我们构建了一个一般性的分析框架：首先，基于收入不平等—经济增长框架分析公共教育支出对收入不平等和经济增长的作用；其次，测算当前我国居民代际收入流动程度，并描述公共教育支出的内涵与特征；再次，比较分析不同教育支出体制下的代际收入流动性，在此基础上构建一个公共教育支出对代际收入流动性影响的一般均衡模型；最后，通过一个多重门槛回归模型计量分析公共教育支出对代际收入流动性的影响以及子代受教育程度对代际流动性的影响。

本书的研究框架安排如下：

第二章是文献回顾。对现有关于代际流动性测算方法和公共教育支出影响代际流动性的文献进行归纳和评述，旨在为本书提供一个良好的研究基础和铺垫。

第三章是公共教育支出、经济增长与收入不平等。公共支出不仅能调节收入分配，也对经济增长有重要影响，其追求的目标不是单纯地降低不平等程度，而是在降低不平等程度的同时实现经济增长，即包容性增长。基于这一视角，我们来观察公共教育支出对收入不平等和经济增长的作用。本章所构建的公共支出—收入不平等—经济增长框架是后文分析公共教育支出影响居民代际收入流动性的理论前提。

第四章是中国居民代际收入流动与公共教育支出现状。在第二章文献回顾的基础上，本章首先运用转换矩阵法测算中国居民代际收入流动性，然后对公共教育支出的内涵、特征与发展趋势进行分析。

第五章是公共教育支出对居民代际收入流动性的影响。本章先对公共教育支出影响代际流动性的机制进行了简单分析，其次通过两步来构建公共教育支出影响代际流动性的理论框架：第一步是通过对不同教育支出体制下代际收入流动性的比较分析，明晰了公共教育支出对于代际流动性的意义；第二步是基于居民受教育成本构建了一个公共教育支出对代际收入流动性影响的动态一般均衡模型。

第六章是公共教育支出对居民代际收入流动性的影响。本章先通过一个多重门槛回归模型计量分析了公共教育支出对代际收入流动性的影响，定量解答了公共教育支出与居民代际收入流动性的关系。然后考虑到受教育程度是代际传递的主要途径，基于中国家庭收入调查数据做了子代受教育程度对代际收入流动性影响的经验分析。

第七章是研究结论与政策建议。本章对本书研究结论做了系统回顾与整理，并就此提出了相应的政策建议，以及对可能的进一步研究方向进行展望。

四、研究意义

（一）现实方面

本书既有助于为国民收入分配改革提供参考，也能为公共财政改革提供建议。近些年来，我国居民收入差距出现了新的变化趋势，同一代家庭间的收入差距越来越有蔓延到下一代的可能，俗称“二代”现象，经济学上称之为代际收入流动性问题，已经成为社会关注的焦点。这显然不利于我国经济长期发展，也不利于构建和谐社会和实现共同富裕，因此对代际收入流动的程度与机制进行研究非常必要。公共教育支出是调节国民收入分配的重要手段，本书试图以公共教育支出视角从理论与实证两方面解析中国居民代际收入流动，有助于建设一个更具活力的市场经济体系，同时也能解答公共教育支出方面的一些基本问题。

（二）理论方面

本书对完善我国居民收入分配理论有一定意义。如前文所述，收入不平等包括横向不平等和纵向不平等两方面，对横向收入分配的研究已经汗牛充栋，而对纵向收入分配（即代际收入流动）的研究却方兴未艾。最近十几年，西方国家对收入差距的研究已经逐渐从基尼系数这样的静态指标转移到代际收入流动性这样的动态指标上来。从某种程度上来说，代际收入流动性蕴含着更加丰富的含义。当社会的代际收入流动性较高时，一方面展现了社会具有较高的活力，另一方面收入差距过大所引发的社会矛盾也可以大大地缓解。将收入不平等程度和代际收入流动性结合起来分析，既可以弥补相关研究文献的不足，又可以让我们从一个新的视角去理解居民收入差距问题。但从公共教育支出角度进行的研究较为少见，本书的研究有助于理解公共教育支出影响代际收入流动的机制与程度，可能对完善收入分配理论有补充作用。

五、研究创新与不足

从研究内容来说，本书包含代际流动性的测量、不同教育支出体制对代际流动性影响的 OLG 模型分析、公共教育支出影响代际流动性的一般均衡分析、公共教育支出影响代际流动性的多重门槛回归分析等，这些研究内容不能说是完全创新，更合适的说法是，在国内外近二三十年研究的基础上结合中国现实与现有可能挖掘到的数据，对当代中国代际收入流动问题的一种初步全面的研究尝试。

本书研究的不足之处在于：一是单年数据可能存在结果低估问题，本书选用的 CHIP（2002～2013）、CHNS（1989～2009）和 CGSS（2010）的调查数据基本满足分析要求，但存在单年数据问题，根据国外同行的研究经验，这可能会导致在代际收入弹性的估计上存在低估与偏差；二是对代际流动性的解释问题，改革开放以来中国家庭经历了急剧的变化，这意味着在解释代际传递时我们会遇到更多不确定性，即便文中结合中国社会变迁对代际流动性做出合理的解释，但这种“解释”仍然可能不够全面和准确；三是对公共教育支出经费的界定问题，众所周知，中国的教育经费有预算内教育经费和财政性教育经费，后者的范围相当广泛，综合考虑之下，本文选取前者，但由于 1996 年以后我国财政统计口径发生变化，因此难以取得一致数据。这些是本书暂时还没有解决的问题，也激励着笔者以及更多同行继续前行。

第二章　文献回顾

自 Becker 和 Tomes（1979）开创了收入分配与代际流动性的研究以来，教育支出在代际收入流动中的作用受到了越来越广泛的重视，取得了丰富的研究成果。最初，Becker 和 Tomes（1979）以家庭为研究对象，认为来自于父母的人力资本和非人力资本投资都会增加子代的收入。同时，由基因决定的种族、能力和其他特征、家庭的社会地位和社会关系以及由家庭环境提供的知识、技能也会对子代的收入造成影响。后来，Solon 等（1992）在进行代际弹性分析中首次提出政府在教育和卫生方面的公共支出对代际收入弹性会产生反方向的影响，这对此后的研究有重要的意义。Solon（2004）进一步将家庭私人投资和政府公共投资纳入代际收入模型，显示政府公共投资对子女收入以及代际收入的流动性具有重要影响，此后更多学者展开了教育支出对代际收入流动性影响的研究。本章将从两个方面回顾相关的研究文献：一是代际收入流动性的测量方法及其作用机制的研究，二是公共教育支出对代际收入流动性影响的机制与经验研究。试图理清近十几年来国内外关于代际收入流动与公共教育支出研究的思路历程与未来发展方向，并为本书后面的分析打下基础。

一、代际收入流动性的机制与测量方法研究

长期以来，代际流动性受到了经济学家和社会学家的关注，而且父母与子女各种特性的代际传递机制也一直是活跃的研究领域。然而，自 Gary Solon 的《劳

动经济学手册》在1999年出版以后，学界在这一领域的研究渐渐地出现了一些转变。国内外研究者们除了继续探索对代际相关性和代际弹性的精确估计方法外，还对代际关系的产生机制的研究倾注了大量的精力。从最近十几年国内外代际流动性的研究来看，主要有两方面成果：一是对代际流动因果机制研究取得了新突破，二是代际流动程度的估计方法不断进步。

（一）代际收入流动程度的测量方法研究

1. 关于代际收入流动性的测量误差

代际收入流动性中最基本的经验关系是父代和子代的代际收入关系。由于在这个方面经常使用父代收入和子代收入的对数值，所以被估计的参数实际为代际收入弹性。对代际收入弹性估计方法的研究近期取得了许多重要的进展。

我们回顾一下代际收入弹性的估计方法，基准回归公式如下：

$$\log(Y_1) = \alpha + \beta\log(Y_0) + \varepsilon \tag{2-1}$$

使用小写字母代表父代收入和子代收入的对数值，并将它们的对数值取各自的离差后作回归以消除回归方程中的截距，则公式（2－1）可以写成下面的形式：

$$y_1 = \beta y_0 + e \tag{2-2}$$

在公式（2－2）中，下标1代表子代，下标0代表父代，y代表的是永久性收入。参数β为代际收入弹性（IGE），那么$1-\beta$就为代际收入流动性。

文献中用来表示代际收入弹性的另一种广泛使用方法是代际收入相关性ρ。它与代际收入弹性的联系是，如果子代收入对数值和父代收入对数值的标准差相等，那么代际收入相关性就与代际收入弹性相等。这是因为它们存在如下的关系①：

$$\rho = (\delta_0/\delta_1)\beta \tag{2-3}$$

在公式（2－3）中，δ是指收入对数值的标准差，所以代际相关性实际上也

① 参见附录五。

反映了两代人收入对数值的横截面离散程度。代际收入弹性相比代际收入相关性的一个优点在于它不会因为 y_1 的测量误差而导致估计值有偏，所以用它来估计现实世界中的数据更为容易。

不同学者在估计代际收入弹性时采用的方法不同。源于 Solon（1992）模型，代际收入弹性的测量大多数都会使用双对数模型，或者是以双对数模型为基础的扩展模型。虽然计量模型一直在改进，但由于在选择父代与子代收入数据时会遇到暂时性收入偏误和生命周期偏误以及其他一些问题，使得代际收入弹性的估计结果受到很大影响。因此，最近十几年对代际收入流动性的研究主要聚焦于这两大难题。

第一，关于暂时性收入偏误。对于基准回归公式 $y_1 = \beta y_0 + \varepsilon$，测量中遇到的一个重要问题就是 y 必须代表永久性收入。这给数据的可获得性带来了极大的挑战，因为极少有数据库能够收集子代和父代一生的收入数据，但是现在又必须用子代的永久性收入对父代的永久性收入做回归。众所周知，如果父代的收入测量有误差的话，那么 β 的估计值将是有偏的，但是子代收入的测量误差却不会导致 β 的估计值有偏①。早期研究者大多使用父亲和儿子一年的收入数据来估计代际收入弹性，但 Solon（1992）和 Zimmerman（1992）的开创性研究表明，这种方法会给代际收入弹性的估计带来较大偏差，因此他们提出使用父亲 4 年或 5 年收入的平均值来对此方法进行改进。类似地，姚先国和赵丽秋（2006）采用 CHNS 数据中的多年收入平均值得出我国代际收入弹性约为 0.7，Gong 等（2010）采用 2004 年中国城镇家庭教育与就业调查和国家统计局城镇家庭收入与支出调查两个微观数据库，通过两阶段最小二乘法预测父代一生的持久收入。但是，Baker 和 Solon（2003）以及 Mazumder（2005）证明衰减偏误的程度可能还是取决于父亲的年龄，在父亲的年龄为 40 岁时偏误最小，而且偏误的大小和儿子的年龄也有关。另外一种减少暂时性收入偏误的方法是采用工具变量法，用父代的教育或职业等作为父代收入的工具变量，以缓解单年收入的过低代表性（Zimmerman，1992）。但是，这一方法的缺陷在于，与父代收入高度相关的所有变量几乎都与

① 参见附录十一与附录十二。

子代收入相关，共线性问题还是难以消除。对此，Solon（1992）认为，不合适的工具变量将会带来估计结果向上偏误的问题。解决这一问题较好的办法是直接对单年和多年平均收入及年龄因素所到之的估计偏差进行估计（Mazumder，2005；韩军辉，2011；陈琳，2011）。

第二，关于生命周期偏误。与应该选取多少年收入作为研究变量相对应，估计代际收入弹性需要注意的另一个问题是应该选取父代和子代哪几年的收入，即生命周期偏误分析。Haider 和 Solon（2006）研究发现，将某一年龄时的收入对数值对持久收入现值的对数值做回归可以得到代际收入弹性的估计值，Bohlmark 和 Lindquist（2006）使用瑞士的登记数据做了与 Haider 和 Solon 类似的研究，上述两项研究得到了类似的结论：当年龄为 20 多岁时，代际收入弹性的估计值最低（美国 25 岁之前低至 0.2）。然而即使这样衰减因子还是仅上升到了 0.7，所以还是有很显著的衰减偏误。与上述两者的结论类似，Grawe（2006）也为生命周期偏误的存在提供了直接的证据，他发现给定任何父亲收入被测量时的年龄，代际收入弹性的估计值都会随着儿子年龄的增加而增加。此外，Nilsen 等（2008）使用挪威的登记数据来研究生命周期偏误也发现，父亲收入被测量时的年龄每增加一岁，代际收入弹性估计值就会减小 1.1%。这个结论很有趣，因为即使美国和挪威的劳动力市场有很大差距，但生命周期偏误却是差不多的。

2. 转换矩阵法测量代际收入流动性

虽然大部分相关文献都将注意力集中于代际收入弹性的估计上，但为了规避暂时性收入偏误以及生命周期偏误等难题，有学者提出了一个更为直观反映代际流动性的方法，即转换矩阵法。它描述的是父亲收入所在百分位与儿子收入所在百分位的关系。转换矩阵除了给我们提供更多的收入分布信息，还可以比较在整个收入分布背景下特定收入段群体的代际收入流动性大小。这是在估计代际收入弹性的大小时没法做到的，因为将样本分组后再进行回归使用的是子样本的均值而不是总样本的均值。

在实践中，研究者们将总样本按照收入排序后分为若干等份，并用百分位表示。比如说，Jantti 等（2006）将收入分布按照五分位的形式来研究代际收入流动性。Bhattacharya 和 Mazumder（2008）批判了标准转换矩阵方法分位数选择的任意性（如四分位，五分位）。他们推出了一种新的测量向上流动性的方法，即儿子在收入分布中所在的百分位超过父亲在收入分布中所在的百分位的概率大小。事实上，这种方法对较小的代际收入流动更加敏感，因为即使儿子在收入分布中所在的百分位与父亲在收入分布中所在的百分位并没什么很大的不同，但代际收入流动性还是有可能被测量到。Bhattacharya 和 Mazumder（2008）使用 NLSY 的数据发现，如果使用了这种新的方法，那么这种细微的差别就会影响“黑人的向上流动性与白人的向上流动性相近”这一结论的正确与否。这说明同样的数据基于不同的转换矩阵得到的结论可能不同，因此在做实证分析时稳健性检验是十分必要的。这种通过转换矩阵分析父代和子代收入的联合分布来测量代际收入流动的方法目前在国内代际收入流动性的相关研究中出现较多（王海港，2005；孙文凯、路江涌、白重恩，2007；王朝明、胡棋智，2008）。

当然，必须指出的是，使用转换矩阵这种方法时，估计代际收入弹性时因持久收入测量误差带来的问题在此时也同样会出现。O’Neill 等（2007）研究了这种测量误差在转换矩阵中会带来的影响。研究中允许父亲和儿子的收入存在测量误差，并且进行了一系列伴随着测量误差的方差和测量误差相关性不断变化的模拟实验，他发现儿子收入的测量误差会导致代际收入流动性的向上偏误，特别是在儿子收入分布的最下端偏误最大。有趣的是，如果儿子收入和父亲收入都存在测量误差，那么它们对代际收入流动性估计的影响将取决于两种测量误差相关性的大小。较小的相关性会导致代际收入流动性向上的偏误；较大的相关性会导致代际收入流动性向下的偏误。研究的最后，他们注意到代际收入流动性的测量值会随着不同的国家或者不同的收入分布而变化，但这些代际收入流动性测量值的不同有可能仅仅是因为测量的问题而不是因为它们本身不同①。

3. 代际收入流动性的变化

由于 Solon 模型的局限性，在许多实证研究中，研究者们一般默认某一地区的代际收入流动性是固定不变的，然而近期的学术研究已经开始注意到代际收入

① 参见附录十。

流动性会随着时间的变化而变化。Lee 和 Solon（2009）根据美国数据的实证研究较好地处理了特定样本群体的小样本问题，发现代际收入弹性在统计学上并没有显著变化的趋势。但是在英国，有证据表明 20 世纪 50 年代和 70 年代出生的群体有代际收入弹性上升的迹象（Blanden 等，2004；Nicoletti 和 Ermisch，2007）。LeFranc 和 Trannoy（2005）研究表明在法国代际收入弹性没有明显变化的趋势。Bratberg 等（2005）研究表明某些证据可以说明在挪威代际收入传递性有随着时间下降的趋势。Pekkala 和 Lucas（2007）发现在芬兰代际收入弹性会随着时间下降而下降。现有的证据表明，在欧洲和北美洲并没有大幅度的代际收入弹性变化，但是北欧国家的代际收入流动性却有可能随着其高福利制度的形成而增大。陈琳（2012）基于中国家庭收入调查（CHIPS）以及中国社会综合调查（CGSS）的数据研究发现，1988～2005 年中国的代际收入弹性大概在 0.25～0.50，并且伴有下降的趋势。

4. 信贷约束与代际收入流动性

近期一些研究开始探索信用约束对代际收入弹性的影响，因为在 Solon 模型中家庭受到了信贷约束，父母必须减少当前的消费来增加子代的人力资本投资。Han 和 Mulligan（2001）、Grawe 和 Mulligan（2002）、Grawe（2004）共同构筑了这方面理论研究的框架。如果没有信贷约束，那么父母可以将子代未来的收入通过借贷转移到当前，这样每一个家庭都能够对子代进行最优的人力资本投资。如果先天禀赋能够提高人力资本积累的边际生产力，那么对先天禀赋更高的子代进行更多的投资显然更优。在这种情况下，只有当子代的先天禀赋与父母的收入相关时，代际收入弹性才取正值，并且其大小取决于先天禀赋的代际相关性。如果存在信贷约束，那么低收入的家庭就不能够对子女进行最优的人力资本投资。这样任何额外的收入都会导致子女人力资本投资的增加。因此，理论预期在存在信贷约束时代际收入弹性会增加，这也从侧面反映了 y_1 和 y_0 之间的非线性问题。

要检验信贷约束这个问题非常困难，因为无法鉴定哪一个家庭是受到信贷约束的。一个可行的方法是假设低收入家庭面临更严重的信贷约束。然而，Han 和 Mulligan（2001）指出高收入家庭就面临更多子女人力资本投资，受到信贷约束的可能性更大。因为在许多国家，初等教育是免费的，而高等教育却非常昂贵。Grawe（2004）证明了在某些假设条件下，先天禀赋与收入之间的相关性会导致各种各样的非线性。并且，即使没有信贷约束，还是没有理由认为 y_1 和 y_0 之间是线性的关系。所以，他认为从非线性中找信贷约束存在的证据注定是一无所成的。更直接地检验信贷约束的方法就是尽量识别出那些更容易受到信贷约束的人群。Grawe（2004）指出，在给定父母收入的前提下，先天禀赋高的子女更容易受到信贷约束。Grawe（2004）使用子女的收入作为其先天禀赋的代理变量，并且使用分位数回归的方法来检验自己的理论。他的结果显示，在加拿大的数据中并没有证据表明存在信贷约束。基于信贷约束机制，陈琳（2014）构建了一个模型用来说明公共政策对代际流动性的影响。但这种方法的缺陷是，子女的收入既与人力资本投资有关，又与其先天禀赋等因素有关，在信贷约束存在的情况下，这些因素都是内生的。

（二）代际收入流动的机制研究

虽然近 30 年来测量代际收入流动性并解决其中的计量瓶颈问题是代际流动性研究的重点，但是随着经济学理论模型的不断完善和更为精确的计量方法的推动，最近 10 年研究者关注的重点转向了代际流动的传递机制及政策含义，这显然更具现实意义。一般认为，Schumpeter（1951）是最早从理论到实证系统论述代际收入流动的经济学家。后来 Becker 和 Tomes（1979）首次基于人力资本理论构建了代际收入流动的理论框架，发现子女的收入取决于禀赋（来自遗传）、社会关系（家庭声望、家庭关系以及家庭环境）和所获得的人力资本投资。

Solon（1999）在 Becker 和 Tomes（1979）研究的基础上提出了一个简单的理论模型来解释代际收入流动的机制，认为代际传递性的存在除了因为高收入的父母会在子女的身上进行更多的人力资本投资外，还因为这些父母的子女倾向于通过生物遗传得到更高的先天禀赋或者在孩童时期得到更好的启蒙环境。Solon（2002）提出经典模型，发现影响子女收入的大部分因素与父母收入不相关，不过其中的原因似乎并不清楚。Solon（2004）进一步将家庭私人投资和政府公共投资纳入代际收入模型，模型中政府投资与父母收入的比例会随着父母收入的增加而下降，这也是模型比较进步的地方。这个模型显示代际收入流动性会因为和收入有关的先天禀赋的遗传而增加，会因为人力资本投资回报率的增加而增加，但是会随着政府投资的增加而减少。其最大的贡献在于提供了一个求最优解的框架，并且为后来代际收入弹性的估计提供了标准的理论研究范式。这一问题可以表述为一个家庭最优决策的经典模型：$\max U_i = (1-\alpha)\log C_{0i} + \alpha \log y_{it}$，约束条件为 s. t. $y_{0i} = C_{0i} + I_{0i}$，$y_{1i} = (1+r)I_{0i} + E_{1i}$。其中 $E_{1i} = e_{1i} + u_{1i}$，是除人力资本外其他影响子辈收入的因素，u 为市场机会，e 为由父辈决定的个人禀赋，还可进一步分解为运气和文化遗传。最优解为 $y_{1i} = \alpha(1+r)y_{0i} + \alpha e_{0i} + \alpha u_{1i}$，也被称为代际收入流动的 Galton - Becker - Solon 基本方程①。

基于该公式，近几年中国学者对中国的代际收入流动性也进行了一些尝试性研究。陈琳（2012）认为中国的代际收入传递主要通过两个途径：一个途径是父代通过影响子代人力资本的形成过程来影响其收入；另一个途径则是通过权力寻租直接对子代收入产生影响。父代影响子代人力资本形成又主要有三个子途径：基因遗传、文化遗传以及父代收入本身带来的直接人力资本投资。

结合上述研究，本书认为中国的代际收入流动性的传递机制如图 2 - 1 所示。显然，这一路径图中显示了很多难以观测和度量的变量，比如禀赋（文化遗传、基因遗传）和家庭背景等，并且在各变量之间还有复杂的相互联系，使得完全分解各种传递路径成为几乎不可能完成的任务。因此，现有的经验研究大多只选择一个或几个较为显著的途径进行研究，以探求其在代际收入流动中的重要程度。这就需要先对代际收入相关性进行分解，通过对代际收入相关性的分解，可以使我们比较和分析不同因素对代际收入流动性的影响。汪艳敏（2013）根据中国健康与营养调查（简称 CHNS）数据分别测量了教育、健康以及职业三种因素对代际收入弹性的贡献率，发现无论是按照收入水平、城乡、父亲年龄分组还是按照性别分组，在这三种传递路径中，对代际收入弹性的贡献率由高到低分别是职

---

① 详细推导过程参见附录二。

业、教育与健康。陈琳（2014）采用中间变量法对代际收入流动性进行了分解，分别考察了人力资本、社会资本和财富资本在代际收入传递中的重要程度，发现以房产和金融资产为代表的财富资本对代际流动性的解释力远超人力资本和社会资本。杨娟（2016）则重点分析了教育和职业在代际传递中的作用，并详细论述了如何通过教育缓解代际收入不平等。此外，Restuccia 和 Urrutia（2004）以及 Bowles 和 Gintis（2002）认为财富、种族及非认知行为特性等对收入代际流动的影响一直被忽视。

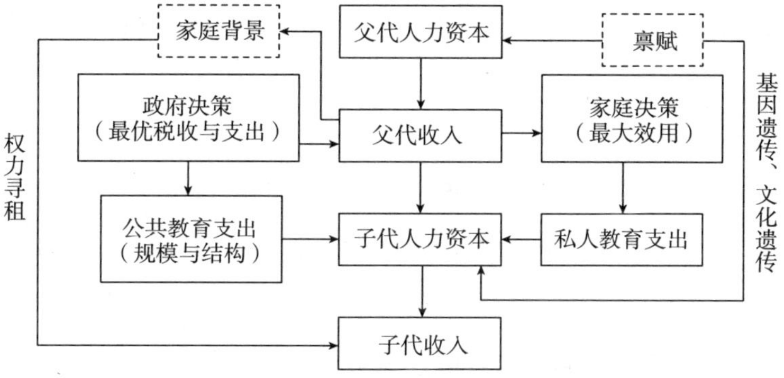

图 2－1　代际收入流动性的传递机制

二、公共教育支出对代际流动性的影响研究

（一）公共教育支出对代际流动性影响的经验研究

代际收入流动的 Galton－Becker－Solon 基本公式显示代际收入弹性会因为和收入有关的先天禀赋的遗传而增加，会因为人力资本投资回报率的增加而增加，但是会随着政府投资的增加而减少。它一共有四个基本的公式，第一个公式为预

算约束方程，表示父母所有的税后收入等于自己的消费 C_0 加上对子女的投资 I_0（见公式 2－4）：

$$(1-\tau)Y_0 = C_0 + I_0 \tag{2-4}$$

子女人力资本的生成机制可以用一个半对数公式来表示：

$$h_1 = \theta\log(I_0 + G_0) + e_1 \tag{2-5}$$

在公式（2－5）中，e_1 指的是子女的初始先天禀赋，G_0 指的是政府对子女的人力资本投资。子女的初始先天禀赋服从 AR（1）过程；

$$e_1 = \delta + \lambda e_0 + v_1 \tag{2-6}$$

在公式（2－6）中，λ 介于 0 和 1 之间，v 是白噪声过程。子女的收入公式为：

$$\log(Y_1) = \mu + ph_1 \tag{2-7}$$

在公式（2－7）中，p 为人力资本投资的回报率。

家庭的目标是最大化其效用 $U=(1-\alpha)\log(C_0)+\alpha\log(Y_1)$，其中 α 为父母对子女利他性程度的一种度量。Solon（2004）还用了另外一个参数方程 $G_0/[(1-\tau)Y_0]=\varphi-\gamma\log(Y_0)$。其中 γ 取正值意味着政府投资与父母税后收入的比值会随着父母收入的增加而减小，所以 γ 可以用来衡量政府对子女进行投资的程度。在以上约束条件下对效用求最大化，可以得到①：

$$\log Y_1 = \mu^* + [(1-\gamma)\theta p]\log Y_0 + pe_1 \tag{2-8}$$

在公式（2－8）中，是标准代际收入弹性回归的精确形式。公式（2－6）意味着 $\log Y_0$ 与公式（2－8）中的误差项相关。Solon（2004）证明，在稳定状态下，不同代的个体收入对数的方差相同，并且基于公式（2－8）的父亲收入对数的系数值的 OLS 估计量的概率极限为②：

$$\frac{(1-\gamma)\theta p + \lambda}{1+(1-\gamma)\theta p\lambda} \tag{2-9}$$

由此可见，代际收入弹性（或代际相关性）是代际基因的继承性 λ、人力资本投资的转换率 θ、人力资本回报率 p 以及公共投资的梯度性 $1-\gamma$ 的增函数。

①② 参见附录一。

由于在不同的发达国家或在不同的时间里代际基因的继承性并没有很大的不同，并且教育系统在不同国家或在不同时间里其效率差异很难测量，所以研究者们倾向于使用人力资本回报率的不同和公共投资的不同来解释代际收入弹性的差异。比如说，北欧国家较低的代际收入弹性就可以用它们较紧凑的收入分布（较低的人力资本回报率）或者能够使每一个儿童都面临同样的受教育机会的社会教育政策来解释。本书重点关注公共投资对代际流动性的影响。

人们普遍认为拥有较完善的公共教育系统的国家的代际收入弹性较低。Ichino 等（2009）使用十个国家（丹麦、芬兰、加拿大、瑞士、德国、法国、美国、英国、西班牙和澳大利亚）的数据对此进行了验证，他们将代际收入弹性对公共教育支出做回归，得到的回归系数为 -0.54；他们还发现，如果研究中使用的是初等教育的支出数据，那么得到回归系数估计值的绝对值将更大。运用美国 PSID 数据库，Mayer 和 Lopoo（2008）发现：在美国，儿童人均教育支出较低的州代际收入弹性较高，儿童人均教育支出较高的州代际收入弹性较低。这些估计量考虑了儿童 15 岁（现在估计量只会受到时间和每个州的儿童支出的影响）时所在州的固定效应，所以结论很稳健。对于英国的情况，Machin（2007）研究发现，20 世纪 80 ~ 90 年代英国高等教育的扩张使得高收入家庭的孩子拥有高等学历的比例大幅上升，但是低收入家庭的孩子拥有高等学历的比例上升程度却要小得多。同时他还发现出生于 1958 年的人的代际收入流动性要比随后几十年出生的人的代际收入流动性高，这说明代际收入流动性与个体受高等教育的权利密切相关。Herrington（2015）就美国和挪威的情况作为实证和定量政策实验后发现，税收和公共教育支出可以解释美国和挪威之间收入不平等的 1/3 原因，和两国代际收入持久性 14% 的原因。

公共教育支出对中国的代际收入流动性是否也有类似影响呢？尽管这方面的研究并不丰富，但我们可以从少数文献中窥见公共教育支出对我国代际收入流动性的重要影响。周波和苏佳（2012）运用半参数可变系数部分线性模型估计了政府财政支出对代际收入流动的影响，发现中国县级的教育事业费支出增加会降低代际收入弹性，从而有助于实现社会机会均等，但文教科学卫生支出以及全口径的财政支出对代际收入流动性的影响较小。杨娟和赖德胜等（2015）通过构建一个四期的世代交叠模型，分析了天生禀赋、义务教育以及非义务教育对于收入差距和代际收入流动性的影响。他们模拟各种教育经费投入模式的结果表明，加大义务教育阶段的公共支出力度，有助于弥补年轻父母在孩子早期教育时的预算约束，缓解代际内收入的不平等并增强代际间收入的流动性。杨继波和吴柏钧（2015）的实证研究发现，增加公共教育支出对低收入家庭子女教育的挤出效应更加明显，但同时会促进家庭加大代际养老保险的投资。杨娟（2016）通过对高考扩招和各种教育经费投入模式的模拟，发现义务教育支出在教育总支出中所占比重越大，代际收入相关性越低，并且随着大学入学率的不断增加，收入不平等和代际收入流动性呈现先上升后下降的“U”形曲线关系。

（二）公共教育支出对代际流动性影响的机制研究

Becker 和 Tomes（1979）首次基于人力资本理论构建了代际收入流动的理论框架，发现子女的收入取决于禀赋（来自遗传）、社会关系（家庭声望、家庭关系以及家庭环境）和所获得的人力资本投资。Solon（2004）进一步将家庭私人投资和政府公共投资纳入代际收入模型，模型中政府投资与父母收入的比例会随着父母收入的增加而下降，这也是模型的重要改进①。这个模型显示代际收入流动性会因为和收入有关的先天禀赋的遗传而增加，会因为人力资本投资回报率的增加而增加，但是会随着政府投资的增加而减少。由此可见，公共教育支出对代际流动性的影响是通过影响父代对子代的人力资本投资能力实现的。简言之，公共教育支出会改变父代所面临的信贷约束，从而影响代际收入流动。

在父代影响子代收入的三种途径（禀赋、社会关系和人力资本投资）中，公共教育支出主要是通过第三种方式影响代际收入流动性。其基本含义是：低收入家庭的父代在对子代进行人力资本投资时可能会遭遇到信贷约束，而公共教育支出是缓解这一约束的核心公共产品。首先，我们假设在一个拥有完善信贷市场

① Solon（2004）模型的推导参见附录一。

的社会，或者一个拥有可以支持人力资本投资的信贷市场的替代品的社会，受到人力资本投资约束的家庭会减少，代际收入流动性会提高。这是因为在无信贷约束的社会里，理论上父代对子代的最优人力资本投资量将由其边际收益与物质遗产的边际收益相等决定。并且由于对子代人力资本投资的边际收益与其能力正相关，那么能力更强的子代自然获得更多的人力资本投资。此时代际收入不存在直接的传递机制，只与先天禀赋有关。那么，公共教育支出与私人教育支出就具有完全的替代性，增加公共教育支出会完全挤出私人教育支出（Becker 和 Tomes，1986；Grave 和 Mulligun，2002）。

其次，实际上由于金融市场的不完善以及子代人力资本并非一个合适的抵押物，父代在向子代进行人力资本投资时往往会面临信贷约束。此时，要达到对子代人力资本投资的最优值，父代就必须压缩自身的消费，若自身消费降到最低值后还是达不到最优的人力资本投资额，就会导致子代由于人力资本积累不足，从而降低其收入水平，这样父代收入和子代收入直接相关。通过公共教育支出可以缓解这些低收入家庭的信贷约束，使子代的人力资本投资额达到最优，从而改善代际收入流动性。关于公共教育支出与代际收入流动性的研究基本都是在这一框架内进行的。Fernandez 和 Rogerson（1998）通过对美国的数据分析，发现公共教育支出由地方筹资变为由联邦统一筹资后，降低了不同地区生均教育经费的差距，结果促进了代际收入流动；Iyigun（1999）和 Hassler（2007）则发现，高收入家庭往往更善于利用公共教育资源，因此只有公共教育支出增加到足以抵消这一影响时才会提高代际收入流动性；而 Solon（2004）和 Ichino（2010）都发现公共教育支出累进程度与代际收入流动性同方向变动。

最后，必须指出的是，信贷约束条件下公共教育支出能有效影响代际收入流动性还必须依赖于两个前提：公共教育体制与劳动市场的有效性。前者意味着公共教育能有效提高子代人力资本，后者意味着更高的受教育水平能在劳动市场上获得更高的收入回报。Checchi（1999）比较了意大利和美国不同公共教育体制对代际收入流动性的影响；James B. Davies（2005）通过一个模型说明了在影响代际收入流动性方面，教育结果比教育机会均等更重要；Gilboa 和 Justman

（2005）进一步证明，高等教育扩张可能会导致代际收入流动性下降。国内方面，陈琳（2014）基于中国省级数据分析发现，我国义务教育制度显著改善了代际收入流动性，而其他阶段教育都强化了代际传递性。杨娟等（2014）发现随着预算内生均教育经费的不断增加，家庭教育支出比重不断下降，受信贷约束而辍学的孩子越来越少了。进一步地，杨娟（2015）的研究表明，在提高代际流动性方面，早期教育干预比高等教育干预更有效。不过，也有人认为公共教育支出与代际流动性没有什么关系的，Grawe（2002）就发现加拿大有大量的教育补贴，但代际流动性和美国差不多。

三、小结

公共教育支出与代际收入流动性研究的基本脉络是：Becker 和 Tomes（1979）奠定了收入分配与代际流动性的研究基础，然后 Solon 等（1992）首次探寻了政府教育和卫生方面的支出对代际收入弹性的影响，接着 Solon（2004）进一步将家庭私人投资与政府公共投资纳入代际收入模型，此后更多学者展开了教育支出对代际收入流动影响的研究。具体来说，这一领域目前主要有四大研究方向：

第一，关于代际收入流动测量方法的研究，研究者一直在努力克服代际收入流动性的测量误差。由于在选择父代与子代收入数据时会遇到暂时性收入偏误和生命周期偏误以及其他一些问题，使得代际收入弹性的估计结果受到很大影响。为了规避这些难题，有学者提出了一个更为直观反映代际流动性的方法——转换矩阵法，目前已经广泛地应用于国内代际收入流动性的相关研究中，本书也拟采用这种方法估计中国的代际收入流动性。在估计代际收入流动性的过程中，学界已经开始注意到代际收入流动性并非一成不变，而是会随着时间的变化而变化。此外，这方面研究的另一个动向是探索信用约束对代际收入弹性的影响。基于信贷约束，研究者可以分析公共政策对代际收入流动性的影响，这也是本书的分析前提之一。

第二，关于代际收入流动机制的研究，这类研究主要是沿着 Solon（2004）模型以及在此基础上形成的代际收入流动的 Galton – Becker – Solon 基本方程展开的。Solon（2004）将家庭私人投资和政府公共投资纳入代际收入模型，模型显示代际收入流动性会因为和收入有关的先天禀赋的遗传而增加，会因为人力资本投资回报率的增加而增加，但是会随着政府投资的增加而减少。此模型提供了一个求最优解的框架，并且为后来者（包括本书）估计代际收入弹性提供了标准的理论研究范式。

第三，关于公共教育支出对代际流动性影响的经验研究，这类研究主要在验证不同阶段、不同规模及不同地区的公共教育支出对代际收入流动性的影响。这是因为在不同地区或在不同时间里代际基因的继承性并没有很大的不同，并且教育系统在不同国家或在不同时间里其效率差异很难测量，所以研究者们倾向于使用人力资本回报率的不同和公共教育投资的不同来解释代际收入弹性的差异，这也是本书的出发点。

第四，关于公共教育支出对代际流动性影响机制的研究，这类研究沿着 Becker 和 Tomes（1979）与 Solon（2004）模型展开。Becker 和 Tomes（1979）认为子女的收入取决于禀赋、社会关系和所获得人力资本投资，Solon（2004）进一步将家庭私人投资和政府公共投资纳入代际收入模型中。此后，学者们在信贷约束条件下对不同国家公共教育支出影响代际收入流动性的机制进行了分析。但公共教育支出能否有效影响代际收入流动还必须依赖于公共教育体制与劳动市场的有效性这两个前提，因而开辟了另两个研究方向：不同教育体制下人力资本投资对代际收入流动性的影响和劳动市场有效性对代际收入流动性的影响，其中前者也是本书的主要研究内容之一。

第三章　公共教育支出、经济增长与收入不平等

——基于中国省级面板数据的分析

一、引言

按照国际货币基金组织2016年4月公布的数据，2015年中国人均GDP已经达到7990美元。按照世界银行的标准，中国已经持续5年处于中等偏上收入国家，显示了改革开放以来我国取得的巨大经济成就，但与此同时，也引起许多学者对中国是否会陷入“中等收入陷阱”的担忧①。2015年城镇居民的人均可支配收入为31195元，与此相对应，农村居民家庭人均纯收入为11422元，前者是后者的2.73倍，表现出较大的城乡收入差距。不仅如此，地区之间、行业之间的收入差距也呈现出不断扩大的态势。根据北京师范大学收入分配课题研究组计算，2007年我国的居民收入基尼系数达到0.475；中国社会科学院调查报告结果更是显示，中国目前的基尼系数很可能已经达到了0.5左右，处于非常危险的状态，远远超出国际不平等警戒水平的0.4。而更让人担忧的是，近年来居民横向间的收入差距有纵向蔓延的趋势，即居民代际间的收入差距也正呈不断扩大之势。例如，所谓的“官二代”“富二代”“穷二代”等“二代”现象成为最近的

---

① 2015年中国GDP为10.98万亿美元，人均GDP为7990美元。按世界银行2015年的收入分组标准为中等偏上收入国家（4126~12735美元）。

热门词汇，由这些“二代”所产生的社会矛盾不断激化，是我国经济社会健康持续发展的极大隐忧。中共十八届三中全会明确指出，要规范我国的收入分配秩序，完善收入分配体系，增加低收入者的收入水平，扩大中等收入者的比重，努力缩小城乡、区域、行业收入分配的格局。这充分体现了党中央对收入不平等问题的关注。中国作为一个中等收入国家，要跨域“中等收入陷阱”，厘清收入不平等与经济增长的关系就显得至关重要。作为能同时影响横向与纵向收入差距以及短期与长期经济增长的公共教育支出，它在两者之间扮演着什么样的角色是研究者非常感兴趣的话题。

长期以来，收入不平等与经济增长之间的关系一直是学术界的重要研究课题。库兹涅茨 1955 年的倒“U”假说更是点燃了对两者关系研究的高潮，众多经济学者通过理论或经验对此关系进行了分析。大多数研究表明它们之间存在负相关关系，收入不平等的扩大阻碍了经济增长。当然也有学者得出了不同的结论，认为收入不平等在一定程度上促进了经济增长。近年来，国外学者的理论研究主要集中在如下四个方面：一是基于人力资本积累机制的研究。这类研究认为在现实的情况下，资本信贷市场是不完善的，人们会受到借贷的限制，从而收入水平较低的家庭不能对其子代进行充分的人力资本投资，阻碍了经济增长（Galore 和 Moav，2004；Banerjee 和 Newman，1993；Viane 和 Zitcha，2003；Grossmann，2008）。二是基于劳动供给机制的理论研究，认为劳动供给是影响经济增长和收入不平等关系的关键因素（Turnosky 等，2005）。三是基于创新激励机制下的理论研究（Foellmi 和 Zweimuller，2006；Gancia 和 Zilibotti，2005；Hatipoglu，2007，2008）。四是内生财政政策理论，即民主国家的收入不平等会影响投票者的偏好，进而导致以高税率来改善不平等的收入分配，最终影响投资和经济增长（Alesina 等，1994；Ghosh 和 Pal，2004）。国外的实证研究较多集中于使用一个国家或者多个国家的面板数据来分析，得出一个国家收入不平等和经济增长关系的实证结果或者是利用发达国家和多个发展中国家进行国际面板数据，采用 GMM、OLS 等估计方法对不同国家的收入不平等和经济增长的关系进行了研究，得出相关的结论（Barro，2000；Forbes，2000；Ghosh 和 Pal，2004；Nahum，

2005；Benjamin 等，2006；Frank，2009）。

国内近年对收入不平等作用于经济增长的机制研究主要也有以下四种思路：一是基于人力资本积累机制的相关研究（陈工等，2011）；二是基于需求传导机制的研究（杨天宇等，2007）；三是基于社会冲突机制的研究（陈春良，2009）；四是基于政治经济决策机制的研究（龚六堂和邹恒甫等，2005）。综合来看，无论国内还是国外，都将人力资本积累看作是影响经济增长和收入不平等的一个主要途径。而在我国，长期以来政府的教育支出经费是大量中低收入家庭对子女进行人力资本积累最重要的途径，必然会极大影响到经济增长和收入不平等。国内学界虽然尝试从多种渠道解释收入不平等对经济增长的影响，但对作为调节社会公平重要机制的政府教育支出的作用涉足较少，因此本章试图从公共教育支出这一角度对收入不平等如何影响经济增长进行分析，也为后续章节的分析奠定理论基础。如前所述，收入不平等与经济增长之间一定存在着某种关系，我们感兴趣的是其传导机制是什么？本章试图寻找连接收入不平等与经济增长的真实传导机制。基于理论分析，我们需要解答以下两个问题：①收入不平等如何影响公共教育支出水平？②随后公共教育支出又怎样影响经济增长？本章拟使用 1998～2012 年 31 个省级单位面板数据来分析收入不平等程度的增加如何影响公共教育支出的变动，以及公共教育支出的变动对短期和长期经济增长分别具有怎样的影响。现将本章的以下部分作如下安排：第二部分构建理论模型；第三部分将进行一系列计量检验；第四部分对计量结果进行分析；最后是结论与启示。

二、理论模型

在这一部分建立为下文进行经验分析的理论模型，同时为了研究方便，还提出一些涉及收入不平等、教育支出与经济增长之间相互作用关系的一些假设。假设下面的两个等式分别决定了 t 时期的公共教育支出水平和 t 时期的经济增长速度。

$$e = f[y(+),\ h(?),\ pop(-),\ x] + c * ineq \quad (3-1)$$

$$g = j[y(-),\ h(+),\ e(-),\ z] + b * ineq \quad (3-2)$$

在公式（3－1）和公式（3－2）中，$f[*]$ 和 $j[*]$ 分别为教育支出和经济增长的函数，括号中为教育支出和经济增长的决定因素。y 为地区的真实 GDP 水平，h 为地区的人力资本水平，pop 为地区的人口密度，$ineq$ 为地区不平等程度，而 x 和 z 是决定教育支出水平和经济增长的其他因素。括号中的“＋”，“－”以及“?”代表了各解释变量对被解释变量的预期影响是正向的、负向的以及不确定的。

公式（3－1）假设经济发展水平更高的地区更倾向于将较多的公共资源投向教育领域，即 GDP 水平较高的地区预期其教育支出水平也较高。人力资本对教育支出的影响方向是不确定的——人力资本较低的地区由于期望通过加快人力资本投资来获得更快的增长速度，从而会积极地在人力资本上进行投资，增加教育支出水平；而人力资本较高的地区同样也可能倾向于将更多的公共支出用于教育，这可能是因为在一定程度上公共支出具有惯性，地区为了保持长久的人力资本较高水平而需要一直维持较高的教育支出水平。人口密度对教育支出的影响是负向的，这是因为人口密度较高的地区为支持教育系统所需的固定成本更低，人口比较集中，需要的资源也就更少。本章使用人口密度而不是人口数量是因为人口密度与公共教育系统内的固定成本之间具有高度相关性。当然人口密度在某些地区可能不是一个完美的指标，例如像西藏这样的地区，面积太广而人口太少。收入不平等对教育支出的影响是正向的，这是因为不平等程度的增加会使社会阶层差距不断扩大，从而使社会出现断层，这要求社会提供两个不同的教育系统，一个为了高收入的阶层，而另一个是为了非高收入阶层，这会增加构建这样一个教育系统的基础设施投资和其他投资。

在公式（3－2）中，假设经济水平较低的地区预期具有较高的经济增长速度，这是基于新古典经济增长理论的“经济趋同理论”，他们认为由于生产要素的边际报酬是递减的，在其他条件相同的情况下，随着时间的推移，较低 GDP 水平的地区的经济增长速度会较快。人力资本对经济增长的影响是正向的。人力资本理论认为，人力资本积累是一个国家或者地区获得高速经济增长的重要因素，人力资本的积累有利于提高地区或国家的生产力，经济增长速度加快。教育支出的增加会阻碍经济增长，这是因为教育支出的增加会使得人口部分地流向公共教育，个人进行更多的教育投资而不是立即工作，从而导致当期的经济增长受阻而不是加速当期经济增长。

公式（3-2）中 b 的值是一个很关键问题，如果 $b=0$，那么说明收入不平等只会对教育支出产生直接影响，而不会对经济增长产生直接的影响。$b\neq0$，$c\neq0$ 收入不平等会通过对公共教育支出产生影响从而间接地对经济增长产生影响，同时收入不平等还会对经济增长产生直接的影响。如果 $b=0$，$c\neq0$，那么收入不平等只是通过影响公共教育支出而对经济增长产生间接影响，对经济增长没有产生直接的影响。如果 $b\neq0$，$c=0$，则收入不平等对经济增长有直接的影响，而不是通过公共教育支出这个媒介。

三、计量检验

本章的计量分析从一个基础公式开始，再逐步地加入其他的变量来对公式进行扩展分析。基础公式设立为：

$$Pubedu_{it}=\beta_0C_{it}+\beta_1II_{it}+\beta_2D_{it}+\theta_{it} \tag{3-3}$$

$$GR_{it}=\alpha_0C_{it}+\alpha_1Pubedu_{it}+\alpha_2II_{it}+\mu_{it} \tag{3-4}$$

在公式（3-3）中，为地区的公共教育支出水平，这里取对数处理，C 是控制的外生变量，包括常数项以及初始的真实 GDP 水平（取对数），II 是对收入不平等水平的衡量，而 D 中包括影响公共教育支出的两个因素，即地区的经济发展水平以及地区的人口密度。在公式（3-4）中 GR 为经济增长水平用地区的 GDP 增长速度来衡量，C 中同样包含了两项即常数项和初始的真实 GDP 水平（取对数）。是没有观察到的影响公共教育支出和经济增长的因素，解释其符合经典假设，服从正态分布。下标 i 代表地区，t 代表时期。

采用面板数据进行分析的过程中遇到的一个难点是数据的连续性以及可获得性，由于中国统计局在统计我国各个省份的数据时，在1998年以前将公共教育支出和文化广播支出合并在一起，无法获得单独的公共教育支出数据，因此本章选取的面板数据的时间段为1998～2012年。面板数据的广度为31个省级单位，公共教育支出数据为国家统计局统计的财政教育支出。虽然收入不平等包含横向不平等与纵向不平等两个方面，但由于我国没有纵向的代际不平等统计数据，也没有省级基尼系数的官方统计数据，这里我们只能与其他众多研究中国收入差距的早期研究一样，采用城乡收入差距作为收入不平等的替代变量，即采用剔除价格因素影响的城镇居民人均可支配收入和农村居民人均纯收入的比值。根据世界银行（World Bank，1997）的研究，城乡之间的收入差距可以解释1995年整个中国的收入差距50%以上原因，而这一比例在1984～1995年至少达到了75%。Yang（1999）对中国的基尼系数进行分解研究也同样发现城乡之间差距的变动是中国基尼系数变动的主要因素。人力资本采用普通高等学校在校学生人数与总人口的比值作为其替代变量。真实GDP采用的是对当年的GDP水平以2012年的价格水平进行价格因素剔除处理后得到的实际GDP水平。本章的原始数据来自于相关年份的《中国统计年鉴》《中国人口统计年鉴》《中国人口与就业统计年鉴》以及各省份的统计年鉴。

首先，在对上述模型进行实证分析之前，我们有必要知道在中国收入不平等是否与经济增长之间存在负相关关系。表3－1显示了最小二乘法的估计结果。表3－1中GR（1）列为以经济增长率为因变量，以初始GDP和初始人力资本、收入不平等作为因变量的估计结果。观察结果，发现收入不平等对经济增长确实有负向影响，这个影响系数在1%的显著性水平下具有统计显著性。具体来说，就是城乡收入比每上升一倍会导致经济增长率下降2.59个百分点。GR（2）列为在前面的基础上加入公共教育支出变量，从得出的结果可以看出，教育支出的增加对经济增长产生负向效应，虽然这在统计上不具有显著性，而同样可以得到收入不平等对经济增长有阻碍作用的结论。GR（3）列为在前面的基础上再加入滞后三期的公共教育支出变量，来考察教育支出对经济增长的长期效应。估计结果通过了10%的显著性水平检验，说明政府增加当期的公共教育支出对经济增长有负向效应。但长期内公共教育支出对经济增长会产生正向效应，不过此正向效应至少需要3年后才能显现，并且收入不平等对经济增长仍然会产生阻碍作用。由此可见，不同的模型得到了相同的结果：收入不平等与经济增长之间存在负相关关系。

表3－1　收入不平等与经济增长关系的OLS估计结果

变量	GR（1）	GR（2）	GR（3）
lngdp98	0.194 (0.2600)	0.329 (0.3577)	0.322 (0.3398)
lnh98	226.669*** (72.5458)	280.689*** (38.4946)	52.983 (80.1328)
ii	－2.591*** (0.4578)	－2.805*** (0.4587)	－0.943* (0.5695)
Pubedu		－0.481 (0.3256)	－2.223* (1.2424)
Pubedu（－3）			2.403* (1.3703)
常数项	17.484*** (1.8318)	16.884*** (1.6887)	18.749*** (1.987)
样本量	435	435	372
	0.0757	0.2077	0.2317

注：***表示 $p<0.01$，**表示 $p<0.05$，*表示 $p<0.1$，括号中的数值为标准误。

对于联立方程模型，当解释变量与误差项相关并且存在异方差，同时残差之间可能存在协方差时，三阶段最小二乘法（3LSL）是比两阶段最小二乘法（2LSL）更有效的估计方法，它是似乎不相关回归（SUR）的二阶段最小二乘①。接下来本章采用三阶段最小二乘估计方法对联立公式（3－3）和公式（3－4）进行回归估计。由联立模型可以看出，模型是可以识别的。根据前面的分析，我

① 陈强．高级计量经济学及Stata应用［M］．北京：高等教育出版社，2010：488。

们首先假设，其次再放宽这个假设来估计公式（3-3）和公式（3-4），估计的结果在表3-2中列出。

表3-2　联立公式的三阶段最小二乘估计结果

变量	$\alpha_2=0$		$\alpha_2\neq0$	
	公式（3-3）	公式（3-4）	公式（3-3）	公式（3-4）
lngdp98	-0.965*** (0.0464)	3.899*** (1.0465)	-0.966*** (0.0465)	3.142*** (1.0324)
lnh98	27.267*** (7.4358)	-609.088*** (117.2143)	26.619*** (7.4381)	-515.217*** (117.6944)
lnpop	-0.011 (0.0148)		-0.012 (0.0149)	
lngdp	1.773*** (0.0436)		1.771*** (0.0436)	
lngdp（-1）		-6.758*** (1.6095)		-4.565*** (1.6341)
lnl	-23.663*** (4.4307)	431.429*** (69.2686)	-23.573*** (4.4331)	449.330*** (68.4322)
ii	0.102*** (0.0272)		0.091*** (0.0277)	-1.881*** (0.5607)
Pubedu		-1.137** (1.3475)		-1.687** (1.3651)
Pubedu（-3）		2.868** (1.2671)		2.989** (1.2505)
常数项	-3.345*** (0.1944)	27.001* (2.9205)	-3.276*** (0.1965)	25.496*** (2.8757)
样本量	372	372	372	372

注：***表示 $p<0.01$，**表示 $p<0.05$，*表示 $p<0.1$，括号中的数值为标准误。

在表3-2中，当 $\alpha_2=0$ 时，从对公式（3-3）的估计结果可以看出，收入的不平等确实增加了政府对公共教育的支出，其系数在1%的显著性水平下大于零，城乡居民的收入每增加1倍会使教育支出增加0.102个log（公共教育支出）万元。同时公共教育支出的增加又会进一步影响经济增长，公式（3－4）表明公共教育支出系数在5%的显著性水平下为负，即公共教育支出的增加会使经济增长速度下降，log（公共教育支出）每增加1个单位会使得经济增长率下降1.137%，而当期的城乡收入差距扩大1倍会使经济增长下降0.1%。但滞后三期的公共教育支出系数通过了1%的显著性水平检验，其符号为正表明公共教育支出对未来而不是现期的经济增长具有促进作用。然而人口密度对公共教育支出的影响是负向的，虽然估计的结果不具有统计上的显著性，即随着人口密度的增加，公共教育支出减小，与预期的结果相一致。当期GDP水平与公共教育支出水平正相关，表明地区收入水平的增加会导致政府更多的公共教育投入。在1%的显著性水平上，人力资本积累对公共教育支出具有负向影响，说明人力资本较低的地区倾向于将更多的资源投向公共教育领域，以期在未来获得更高的人力资本水平，促进经济增长。在公式（3－4）中，上一期的GDP水平与经济增长之间负相关，这与我们前文提到的趋同理论相一致。而人力资本对经济增长有正向影响，表明人力资本积累可以促进经济增长。

表3－2的后两列为放宽$\alpha_2=0$假设的情况下对公式（3－3）和公式（3－4）的估计结果，各个变量系数的估计值符号没有变化，同样，收入不平等导致政府公共教育支出增加，而公共教育支出增加又抑制经济增长，从而收入不平等通过增加公共教育支出阻碍了经济增长，与前面的结论是一样的。同时收入不平等对经济增长的系数显著为负，表明有直接的负效应。政府将更多的资源投向公共教育领域会抑制当期的经济增长，但是这有利于未来的经济增长。

特别需要说明的是，我们必须考虑，也许公共教育支出并不是收入不平等对经济增长产生影响的真实传导机制，而只是与这个传导机制相关。为了解决这个问题，我们在模型中需要加入其他的控制变量，包括中部地区虚拟变量（*C*），东部地区虚拟变量（*E*）（以西部地区作为比较基准），经济增长的滞后变量[*GR*（－1）]，贸易开放度变量（*XM*），城镇化率变量（*CZH*），资本投资总额（*K*）。表3－3列出了当时对公式（3－3）和公式（3－4）进行三阶段联立方程最小二乘估计的结果，表3－3中第二列是加入的变量在公式（3－3）中的系数估计值及标准差，第三列是加入的变量在公式（3－4）中的系数估计值和相应的标准差，第四列是加入相应的变量后公式（3－3）中收入不平等变量的系数估计值和标准差，而第五列和第六列则分别是加入相应变量后对公式（3－4）进行估计时，公共教育支出的系数估计值和公共教育支出滞后三期的估计值和标准差。表3－3显示：虽然不同的外生变量的加入对公共教育支出的系数大小会产生显著的变化，但是其符号仍然没有变化，即公共教育支出增加对当期经济增长确实产生了负效应，对经济增长有阻碍作用。而收入不平等的系数显著为正，且其值变化不大，则反映了收入不平等能显著地影响各地教育支出水平，虽然在数量上效果可能较小，但正是这种机制使收入不平等对经济增长产生了阻碍作用。而滞后三期的公共教育支出系数显著为正，表明当前的公共教育支出会显著地促进未来经济增长。

表3－3 三阶段最小二乘法估计结果

变量	在公式（3－3）中系数	在公式（3－4）中系数	在公式（3－3）中II的系数	在公式（3－4）中Pubedu系数	在公式（3－4）中Pubedu（－3）系数
E	－0.159*** (0.0436)	－1.412** (0.6636)	0.087** (0.0294)	－1.105** (1.3552)	3.008** (1.2481)
C	－0.012 (0.0420)	－1.726*** (0.6046)			
GR（－1）	0.019*** (0.0033)	－0.001*** (0.0001)	0.098*** (0.0260)	－4.821** (1.6887)	4.152*** (1.5081)
XM	0.139*** (0.0498)	1.247 (0.7929)	0.107*** (0.0258)	－1.130** (2.1718)	2.79** (1.2677)
CZH	0.014*** (0.0016)	0.054* (0.0308)	0.097** (0.0252)	－1.713* (1.3955)	2.769** (1.2552)
lnK	1.253*** (0.0957)	2.306*** (1.6265)	0.079*** (0.0271)	－14.184*** (1.4495)	2.309* (1.2877)

注：***表示 p<0.01，**表示 p<0.05，*表示 p<0.1，括号中的数值为标准误。

表3－4为对公式（3－3）和公式（3－4）进行联立方程三阶段最小二乘估计方法的估计结果。各列的数据含义与表3－3中一样，加入相应的变量后对公式（3－4）进行三阶段最小二乘法估计的收入不平等变量的系数和标准差。和上面的结果基本上是一致的，收入不平等不仅对经济增长有间接影响，也同样有直接影响。

表3－4　三阶段最小二乘法估计结果

变量	在公式(3－3)中系数	在公式(3－4)中系数	在公式(3－3)中II的系数	在公式(3－4)中Pubedu系数	在公式(3－4)中Pubedu(－3)系数	在公式(3－4)中II的系数
E	－0.160*** (0.0436)	－0.680** (0.8124)	0.082** (0.0297)	－1.623** (1.3661)	3.029*** (1.2444)	－1.149* (0.7055)
C	－0.015 (0.0420)	－1.113*** (0.7146)				
GR(－1)	0.021*** (0.0034)	0.3936*** (0.0547)	0.090*** (0.0264)	－0.508* (1.3113)	3.420*** (1.1927)	－1.301** (0.5428)
XM	0.136*** (0.0498)	1.392** (0.7786)	0.096*** (0.0258)	－1.436** (1.3705)	2.877** (1.2506)	－1.914*** (0.5612)
CZH	0.014*** (0.0016)	0.087*** (0.0322)	0.098** (0.0256)	－1.317* (1.3856)	2.945** (1.2372)	－2.074*** (0.5944)
lnK	0.610*** (0.0667)	2.604*** (1.0979)	0.106*** (0.0258)	－7.340*** (1.3484)	2.781** (1.2017)	－2.025*** (0.5343)

注：***表示 $p<0.01$，**表示 $p<0.05$，*表示 $p<0.1$，括号中的数值为标准误。

综合联立方程模型的上述三个估计结果，从中发现收入不平等会通过增加教育支出进而阻碍经济增长，这是收入不平等影响经济增长的一条重要途径；而在短期内公共教育支出的增加不会给经济增长带来正向影响，但会在长期中促进经济增长。

四、计量结果分析

由计量分析结果可推测理论模型中，即收入不平等首先会通过对公共教育支出产生影响从而间接地对经济增长产生影响，公共教育支出是收入不平等对经济增长产生影响的真实传导机制。同时，不经公共教育支出媒介，收入不平等也会对经济增长产生直接的影响。从计量模型的分析结果看，收入不平等导致了地区公共教育支出的增加，而公共教育支出的增加在短期内阻碍了短期经济增长，但从长期（三年以后）内，公共教育支出还是会促进经济增长。

公共教育支出短期内会对经济增长产生抑制效果可能是因为其对私人经济和公共基础设施投资的“挤出效应”。郭庆旺和贾俊雪（2009）发现公共教育支出规模增加对经济增长具有双重影响：一方面有助于提高基础教育和高等教育质量进而有助于人力资本积累和经济增长；另一方面也意味着更多经济资源从民间部门转移到公共部门，从而导致民间经济主体的收入下降。结合本章的分析，人力资本的积累更多是在长期内形成的，而对民间经济主体收入的影响可能会在短期内对经济产生直接影响。这也与李强（2012）的研究结果相互佐证，他发现人力资本和私人物资资本的比重与基础设施投资占比成反比，说明在我国基础设施投资与人力资本投资之间的确具有“挤出效应”。

公共教育支出长期内会促进经济增长可能是因为人力资本积累需要至少 3 年时间。相比于初等教育和高等教育，中等教育才是当前中国劳动力受教育程度的主体。在我国大部分地区，初中、高中以及职业教育的大多数专业都是 3 年培养周期，从政府对中等教育进行支出到这些人力资本获取收入、对实体经济产生影响，一般有至少 3 年的滞后。由中山大学和社会科学文献出版社发布的《中国劳动力动态调查：2013 年报告》显示，2012 年中国劳动力受教育程度以中等教育为主，平均受教育年限为 9.76 年。我国政府对初、中等教育的公共支出在长期内造就了一支掌握知识和技能、富有效率的劳动力队伍，所培养出来的熟练的工人队伍是过去 30 多年经济高速发展的宝贵人力资源和基础。

本章的研究结果与龙翠红和洪银兴（2011）遥相呼应，他们通过对 54 个国家和地区的历史数据分析发现：教育支出会对同期的经济增长产生负面影响，但前期的教育支出则会对经济增长产生正面影响。Benhabid 和 Spiege（1994）以及 Pritchet（1996）等也发现了类似的研究结果，他们指出人力资本的增加与经济加速增长无关，教育存量的增长率与产出增长负相关。不过与郭凤英（2013）的研究结果有出入，她发现无论长期还是短期，公共教育支出都能提高经济增长率，公共教育支出每增加一个百分点分别能提高长期和短期经济增长 0.62 个百分点和 0.04 个百分点，不过长期中政府教育支出对经济增长的影响效果大于短期。这也从另一个侧面说明了公共教育支出对经济增长的影响有一个长期的累积过程，在这一点上与本章结论有一致性。同样，王青等（2013）也发现财政教育支出对经济增长的扰动的正向效应有逐渐增强的趋势。

五、结论与启示

本章使用我国 31 个省级单位 1998 ~2012 年的面板数据分析了收入不平等对经济增长的影响，结果发现：第一，政府增加当期的公共教育支出会阻碍经济增长，并且收入不平等会对经济增长产生阻碍作用；第二，公共教育支出对未来而非现期的经济增长具有促进作用，公共教育支出的增加会使当期经济增长速度下降，但对 3 年以后的经济增长有正向激励作用；第三，公共教育支出对当期和长期经济增长的这种负向和正向效应具有稳健性，虽然不同的外生变量加入对公共教育支出的系数大小会产生显著的变化，但是其符号仍然没有变化。

如果上述结论是正确的，那么收入不平等通过公共教育支出渠道对经济增长产生的负向影响可能只存在于短期。同时通过模型分析发现，收入不平等不仅会通过增加公共教育支出而对经济增长产生间接影响，同时还会对经济增长产生直接的影响，这种直接的影响也是负向的。综合来看，我国收入不平等对经济增长具有显著的负效应，已经成为阻碍我国经济持续稳定增长的关键因素，合理运用公共支出政策以促进收入分配公平将成为下阶段我国实现经济可持续增长的主要方向。

当然，本章的研究也存在一些问题。首先，公共教育支出对短期的经济增长会产生阻碍作用，但是本章并没有挖掘深层关系，对公共支出的挤出效应分析必须结合税收政策构建一个一般均衡框架，本章也没有进行深入分析。其次，本章也没有分析不同阶段的公共教育支出是否会对经济增长产生不同的效应，一些研究显示了不同阶段的公共教育支出对经济增长和收入不平等有不同的影响渠道和程度。最后，本章还没有考虑公共教育支出对代际收入不平等的影响，许多研究表明公共教育支出的增加会缓解收入不平等，但都是基于横向的不平等度量，在纵向不平等方面公共教育支出是否还同样有效？这些问题都留待本书后续研究。

第四章　中国居民代际收入流动与公共教育支出现状

一、中国居民代际收入流动性的测算[①]

（一）代际收入弹性的估算

1. 计量模型

根据 Solon（2004）的模型，假设一个家庭由一对父母和一个孩子构成，家庭总收入为父母的综合收入，家庭决策目标是总收入在家长自身的消费和对孩子的人力资本投资之间进行最优分配以实现家庭效用最大化。子代收入与父代收入相关性可用经典的经济学模型表述如下：

$$\max U_i = (1-\alpha)\ln C_i^{parent} + \alpha \ln Y_i^{child} \tag{4-1}$$

$$s.t.\ Y_i^{parent} = C_i^{parent} + I_i^{parent}$$

$$Y_i^{child} = (1+\gamma) I_i^{parent} + E_i$$

在公式（4-1）中，γ 为对子代进行直接教育投资的回报。E_i 的含义非常广泛，表示除了父代对子代进行的直接而有意识的教育物质投资之外其他所有影响

① 本部分主要测算代际收入弹性的相关内容，详见徐俊武，张月．子代受教育程度是如何影响代际收入流动性的？——基于中国家庭收入调查的经验分析［J］．上海经济研究，2015（10）．

子代收入的因素，主要包括子代受教育程度、认知能力、健康水平，以及家庭文化、成长环境、教养方式、关系网络、个人的性格和偏好特征个人禀赋特征等。

求解上述最优化问题可得：

$$Y_i^{child} = \beta Y_i^{parent} + \alpha E_i \tag{4-2}$$

在公式（4－2）中，$\beta = \alpha(1+\gamma)$ 就是代际收入弹性（IGE）。

大量的研究都对代际收入弹性进行分解来评估中间变量的作用。Bowles 和 Gintis（2002）将代际收入相关性分解为可叠加的直接和间接影响。前者是父母通过人力资本投资对子女收入产生的，后者是通过父母收入先影响中间变量再影响子女收入，即 E_i。他们在众多变量中选择子代的 IQ 测试和受教育程度作为中间变量，发现这两者能解释 3/4 的代际收入传递，更进一步地分析并发现基因（IQ）的传递性并没有很强的解释力，由此发现受教育程度是可靠的中间变量。基于此，我们把子代受教育程度作为一个主要的传递变量，将在第六章采用基于 Solon（2004）的基本线性模型的 Eriksson 等（2005）的条件收入弹性法相结合的方法来对子代受教育程度的作用进行分析。本章我们仅对代际收入弹性进行估计，暂不分析其作用机制。

为了寻找代际收入弹性，本章暂时设定不包含子代受教育程度的双对数基准回归方程：

$$\ln Y_i^{child} = \alpha + \beta \ln Y_i^{parent} + \mu_i \tag{4-3}$$

在公式（4－3）中，下标表示第 i 对父子配对，对收入变量取对数是为了便于直接得出所需的弹性系数，被解释变量 $\ln Y_i^{child}$ 为子代永久性收入（恒长收入）的对数，解释变量 $\ln Y_i^{parent}$ 为父亲永久性收入的对数，变量 u_i 为扰动项。

如第二章所述，在估计代际收入弹性的过程中，往往会遇到暂时性收入偏误和生命周期偏误的问题，为了改进代际收入弹性估计的准确性，这里我们引入父代和子代的年龄变量以尽可能减少这种偏误。因为 Haider 和 Solon（2006）发现父子的年龄对父子的持久收入有不同程度的影响。Grawe（2006）使用四个不同的数据库测量代际收入弹性，发现父亲收入被测量时的年龄解释了代际收入弹性估计值 20% 的方差。Nilsen 等（2008）使用挪威的数据也得到了类似结论：父亲收入被测量时的年龄每增加一岁，代际收入弹性估计值就会下降 1.1%。考虑到针对不同国别的分析都得到了类似结果，我们将父子年龄作为控制变量加入上述方程，最终的估计方程变为：

$$\ln Y_i^{child} = \alpha + \beta \ln Y_i^{parent} + \eta Z_i + \mu_i \tag{4-4}$$

在公式（4－4）中，控制变量 Z_i 包含父亲和子代的年龄及其年龄的平方项。

2. 数据来源与说明

本章所使用的数据来源于 2007 年中国家庭收入项目调查（CHIPS）中的个人收入、消费和就业数据。该项目起源于 20 世纪 90 年代中期赵人伟和 Carl Riskin 牵头组织的调查，目前已经有 1988 年、1995 年、2002 年和 2007 年四轮住户调查数据，国际学术界习惯称之为“CHIPS”数据库。该调查包含农村住户、农村—城镇流动人口和城镇住户三个子样本，2007 年的 CHIP 数据除包含中国农村—城镇移民调查外，还包含另外的 5000 个农村家庭和另外能够代表全国城镇的 10000 个城镇家庭。为了便于观测，本章所选取的 2007 年的城镇样本涉及北京、上海、辽宁、福建、浙江、江苏、广东、山西、安徽、河南、河北、湖南、湖北、四川、云南、甘肃和重庆 17 个省（市），共有 6835 个家庭的 27803 个个体。

首先，本章的收入变量由个人的工资性收入确定。由于个人永久性收入往往不可直接观测，甚至是无法进行无偏估计，因此以往的研究者常用某年收入或者多年平均收入作为永久性收入的代理变量以克服暂时性收入可能导致的偏误。出于数据可获得性限制和数据质量考虑，本章采用个人的 2007 年年度总工资收入来衡量个人收入。其次，子代受教育程度用子代受教育的年限来衡量。虽然广义的教育包括一切子代从生活中学到的知识技能等，为数据的可获得性和数据质量考虑，选取教育年限来衡量受教育程度。最后，根据生命周期理论我们知道个人收入会随年龄增长而变化，学者们普遍认同人们的收入一般在 40 岁左右达到最高水平，故研究者们经常在控制变量中添加父亲的年龄和年龄的平方项以及儿子的年龄和年龄的平方项。我们在本章沿用这样的做法，在控制变量中添加儿子的年龄和年龄的平方项以及父亲的年龄及其平方项。并且，我们从数据库中删除了父代年龄大于70岁、子代年龄小于18岁和不再就业的样本，以及父子年龄差距小于10岁、工资性收入为负的异常样本，最终确定符合要求的742组父代与子代对应的数据。同时，为了方便，我们比较城镇和农村的代际收入弹性，还分别确定了城镇和农村符合上述要求的382对和188对组合数据。

3. 计量结果

基于公式（4-4）可以求出“简单代际收入弹性β_0”，由表4-1可以发现，在控制子代受教育年限变量后，代际收入弹性系数在2007年总体样本中为0.414。考虑到我国二元经济的特征，本章还分别报告了城镇和农村的代际收入弹性估计结果，其中城镇为0.382，农村为0.236。

表4-1　代际收入弹性的估计结果

	总体	城镇	农村
父代收入	0.414*** (0.046)	0.382*** (0.056)	0.236*** (0.078)
父亲年龄	0.008*** (0.053)	0.118*** (0.078)	-0.001*** (0.275)
子代年龄	0.181*** (0.048)	-0.025** (0.114)	0.088** (0.145)
父代年龄平方	-0.000** (0.000)	-0.001** (0.001)	-0.001** (0.001)
子代年龄平方	-0.002** (0.000)	0.000** (0.002)	-0.001** (0.004)
常数项	1.977* (1.355)	3.851* (2.235)	-2.454** (8.661)
调整后的R^2	0.245	0.178	0.159
Prob > F	0.000	0.000	0.000
观测值	742	382	188

注：①括号内为系数估计的稳健标准误。

②***表示$p<0.01$，**表示$p<0.05$，*表示$p<0.1$。

本书得到的代际收入弹性结果与陈琳（2014）相似，但在数据选取方面有所差别。陈琳（2014）是基于 CHIPS（1988 年、1995 年、2002 年）三年数据并补充 CGSS 2006 年数据进行估计，而本书是依据 CHIPS（2007）年单年横截面数据进行估计。但我们都发现中国 21 世纪以来的代际收入弹性较高，并且总体的代际收入弹性高于分组后的城镇和农村的代际收入弹性，城镇的代际收入弹性高于农村的代际收入弹性。结合国内其他研究者的结果，本书估计的代际收入弹性处于中等水平，表 4-2 列出了近期相关文献的估计结果。

表 4-2　中国代际收入弹性的估计结果

作者及年份	测量时期	资料来源	代际收入弹性大小
魏颖（2009）	1989～2004	CHNS	0.20～0.80
Labar（2007）	1991～2004	CHNS	0.22～0.29
杨娟（2016）	1996～2007	中国入户收入调查数据库	0.27～0.50
韩军辉（2010）	1989～2006	CHNS	0.36～0.45
王海港（2005）	1988～1995	城乡居民收入分配课题组	0.38～0.42
陈琳（2014）	1988～2005	CHIPS	0.40～0.49
孙三百等（2012）	2006	全国综合社会调查数据库和《中国区域经济统计年鉴》（2006）	0.56
方鸣和应瑞瑶（2010）	1989～2005	CGSS（2005）与 CHNS（1989）	0.57
姚先国和赵丽秋（2006）	1989～2000	CHNS	0.70
Gong 等（2010）	1986～2004	中国城镇家庭教育与就业调查、城镇家庭收入与支出调查	0.74～0.84

注：CHNS 为中国健康与营养调查数据库（China Health 和 Nutrition Survey）；CHIPS 为中国家庭收入项目调查数据库（China Household Income Projects）；CGSS 为中国综合社会调查数据库（Chinese General Social Survey）。

与其他国家的代际收入弹性比较，我国的代际收入弹性中等偏高。不过，若考虑到测量误差，可能会高于大多数主要国家。根据最新研究，发达国家美国的代际收入弹性大约 0.48，英国为 0.45，法国为 0.40，日本为 0.22，北欧中的挪威、瑞典、丹麦在0.20左右。发展中国家里智利为0.52，马来西亚为0.40，巴基斯坦为0.46①。

（二）转换矩阵的估算

1. 转换矩阵法

如第二章所述，为了规避代际收入弹性估计中的各种偏误问题，研究人员开发了另外一种测算代际收入流动性的方法——转换矩阵法。转换矩阵通过分析父代和子代收入的联合分布来研究收入流动，目前已经广泛地应用于国内代际收入流动性的相关研究中（王海港，2005；孙文凯、路江涌、白重恩，2007；王朝明、胡棋智，2008；等等）。转换矩阵简单地说就是反映了某指标或变量从初期状态到下一期状态的变化情况。收入转换矩阵是指将父母按照收入水平高低排序后进行分组，然后分析第 i 组父母的子女以多大比例进入其他组或者保持不变，即子女收入分组位置相对于父母的下降、不变或上升。收入转换矩阵可以非常清晰地反映父母与子女收入分组位置的相对变化，因此在代际收入流动性研究领域得到了很广泛的应用。通过上文的分析可以知道，转换矩阵的具体计算值与组数划分密切相关。为了计算比较的便利，多数情况下采用五等分划分法。如图4-1所示，其中纵向表示父代的收入位置排序，横向表示子代的收入位置排序。p_{ij}表示基期收入在第 i 组的个体其子代有 p_{ij}的比例进入第 j 组。

$$\begin{bmatrix} p_{11} & p_{12} & \cdots & p_{1n} \\ p_{21} & p_{22} & \cdots & p_{2n} \\ \vdots & \vdots & \ddots & \vdots \\ p_{n1} & p_{n2} & \cdots & p_{nn} \end{bmatrix}$$

图4-1　转换矩阵

---

① 陈琳．中国代际收入流动性的实证研究：经济机制与公共政策［M］．上海：复旦大学出版社，2014：86-87.

如果转换矩阵中的每一个元素均为 $1/n$，那么代际收入达到“完全流动”水平，此时子代的收入位置是随机的，与父代收入无关，机会是完全平等的。如图 4－2 所示。

$$\begin{bmatrix} 1/n & 1/n & \cdots & 1/n \\ 1/n & 1/n & \cdots & 1/n \\ \vdots & \vdots & \ddots & \vdots \\ 1/n & 1/n & \cdots & 1/n \end{bmatrix}$$

图 4－2　完全流动时的转换矩阵

如果转换矩阵的对角线元素均为 1，而非对角线元素均为 0，此时父代的收入位置与子代的收入位置完全相同，社会阶层完全固化没有流动性，此时机会是完全不平等的，如图 4－3 所示。

$$\begin{bmatrix} 1 & 0 & \cdots & 0 \\ 0 & 1 & \cdots & 0 \\ \vdots & \vdots & \ddots & \vdots \\ 0 & 0 & \cdots & 1 \end{bmatrix}$$

图 4－3　完全不流动时的转换矩阵

转换矩阵虽然可以清晰地描述整个经济体的代际流动全貌，然而它还不能够直观测度社会全体的代际流动情况，也不便于比较。为了方便比较，本书在转换矩阵的基础上计算了一些其他的流动性指标：卡方指数、加权平均移动率、惯性率和亚惯性率等。惯性率度量了子代和父代收入分组位置不变占全体的比例。假如用下角标 i 表示父代所属的收入分组位置，下角标 j 表示子代所属的收入位置，则其计算公式为：惯性率 $= \frac{1}{n}\sum_{j=1}^{n} p_{ij}$，其中 n 表示整个经济体按收入的分组数。惯性率越高，表明代际收入流动性的取值越低。

加权平均移动率的计算公式为：加权移动平均率 $= \frac{1}{n}\sum_{i=1}^{n}\sum_{j=1}^{n} |i-j| p_{ij}$，它通

过计算收入分组位置间相对流动性的加权平均数之和，表达的是个体收入分组位置变动的相对流动性的大小。加权平均移动率的值越大，说明代际收入流动性越大。亚惯性率主要用来测度“比较稳定”的个体占全体的比重，即收入分组位置保持不变或变动一层所占的比例，其计算公式为：亚惯性率 $= \frac{1}{n}\sum_{i=1}^{n}\sum_{j=i-1}^{i+1}p_{ij}$（其中 $p_{10}=p_{nn+1}=0$）。亚惯性率的值越大，说明代际收入流动性越小。卡方指数主要测度了收入转换矩阵与完全流动矩阵（所有元素均为 $1/n$ 的 $n\times n$ 矩阵）的距离，其计算公式为 $\chi^2 = \sum_{i=1}^{n}\sum_{j=1}^{n}\frac{(p_{ij}-1/n)^2}{1/n}$。其中，$\chi^2$ 值越大，说明代际收入流动性越小。

2. 中国代际收入流动性指数

表 4－3 报告了中国东中西部、城市和农村、高收入阶层和低收入阶层的惯性率、亚惯性率、加权平均移动率和卡方指数，所使用的数据来源于《中国社会综合调查开放数据库》（简称 CGSS）在 2010 年的调查数据，如表 4－3 所示。

表 4－3　代际收入流动性指数

	惯性率	亚惯性率	加权平均移动率	卡方指数
东部	0.3199	0.6568	1.0669	2.5464
中部	0.3410	0.6926	0.9458	2.2641
西部	0.3729	0.7210	0.9087	3.3921
城市	0.3031	0.6065	1.1621	2.5386
农村	0.3598	0.7160	0.8928	3.5136
高收入	0.2865	0.5819	1.23277	2.3927
低收入	0.3679	0.7168	0.9210	4.5831

根据上文对各种代际流动性指数的分析，由表 4－3 可知，我国东部地区代际收入流动性最高，中部次之，西部地区最低。这有可能是因为由于我国经济发展的不均衡造成的。在经济越发达的地区，政府的财政收入水平相对较高，可能对教育事业投入的经费更多，使得子代有更多可能规避父代收入的掣肘，导致代际收入流动性增大。近几十年来，城市的发展速度远远高于农村，城乡二元结构

明显，生活于城市的子代相对于生活在农村的子代在各方面都具有显著的竞争优势，使得城市的代际收入流动性高于农村、高收入阶层的代际收入流动性高于低收入阶层。理论上，当资本市场比较完善时，贫困家庭的子代可以通过各种方式进行借贷用于完成自身所需要的教育和技能培训，然后以自己未来的收入进行偿还，因此可以不受到信用约束的影响。然而，在现实生活中资本市场毕竟不是很完善，贫困家庭的子代也不可能总能够在适当的时机完成借贷，因此其完成受教育过程的难度要大于富裕家庭的子代。但一种比较特殊的情况是，在市场化的教育体系中，许多富裕家庭的子代在消费惯性的影响下会选择层次和质量较高的教育，此时“教育”作为一种商品意味着富裕家庭的子代往往需要更多的投资，当借贷无法完成时就会受到信用约束的影响。

二、中国公共教育支出的内涵与特征

（一）我国公共教育支出的界定

教育是一种准公共物品，来自于私人部门（家庭）与公共部门（政府）的联合供给，因而其经费也源于家庭支出和政府的公共支出。政府对教育事业的经费支出在西方国家通常被称为公共教育支出（Public Educational Expenditure），是指宪法构成的各级政府部门的教育经费开支，包括中央或联邦政府、州或者省政府、地区或地方权力机构用于教育事业的支出。对于许多发展中国家来说，由于政府投入的教育经费往往不足，教育机构除了获得财政性资金外，还有其他多种方式取得用于发展教育的收入，这些通常不被包括在公共教育支出的统计当中。公共教育支出不仅在调节收入分配、弥补家庭教育支出方面具有重要作用，还在积累人力资本、推动经济发展方面有重要价值。

由于和西方国家在财政体系上有明显差异，我国相关文献中对公共教育支出有多种表述方式，有些未必与上述公共教育支出的界定完全对应。如公共教育财政投入、公共教育经费（投入）、公共教育投资、财政教育投入、公共教育资源、政府教育支出、教育财政支出、预算内教育经费、财政性教育经费等都曾被用来表示公共教育支出。这些概念相互联系，错综复杂，为了本书后续的分析，这里有必要对公共教育支出的内涵和范围进行明确界定。出于数据可得性及其他一些原因，国内许多研究都将财政性教育经费等同于公共教育支出，这值得商榷。事实上，与西方国家公共教育支出界定一致的统计量应该是预算内教育拨款，但出于种种原因我国政府提出了财政性教育经费概念，这一概念的广泛使用导致了人们在公共教育支出概念上的认识误区。[①] 财政性教育经费的概念是我国二元财政结构的特征在教育财政领域的体现，当前由于我国财政体系不健全和财政收支管理不规范，政府部门和非财税部门都在运用公共权力行使分配职能，导致政府财政支出的主体呈现“二元”特征，从而产生了所谓的“财政预算内”和“财政预算外”支出。虽然从理论到实际都要求将预算外支出定义为财政性支出，纳入财政预算管理，但由于涉及的范围较广，暂时还未彻底完成。由此可见，我国的财政性教育经费不仅包括预算内教育经费，也包括预算外教育经费。但一些预算外教育经费不属于国际通行意义上的公共教育支出，如很长一段时期内存在的农村教育附加费，因此不能将预算外教育经费支出简单视为公共教育支出。当然，需要指出的是，无论理论分析还是各国实践，政府非财税部门直接参与分配是不正常的，预算外支出的存在也只是暂时的，随着我国财政改革的不断推进，这种“二元财政结构”必将消失。所以，为了体现财政支出的“公共性”，我国政府的公共教育支出应该界定为财政预算内教育经费。

从统计口径来看，我国教育经费支出统计和财政支出统计中关于财政教育经费支出的内容有所不同。因为这两类经费支出分别由教育部和财政部统计，双方在统计分类上有所区别。财政部门的支出大体上是根据经费支出的来源分类的，而教育部门的支出统计则是根据使用结构来分类的，从而导致在具体数

---

① 王磊．公共教育支出分析［M］．北京：北京师范大学出版社，2004：11.

值上有一定出入。不过，好在两者从总数来看差别并不大。为了分析得准确，本书综合使用以上两种来源的统计数据。财政部统计的时间跨度较长，而教育部统计的结构更清晰。在分析公共教育支出的时间变化趋势时使用财政部统计数据，在分析公共教育支出结构时使用教育部统计数据。虽然形式上两种数据可能会有细微差别，但总数值差别不大，因此不会影响本书的分析和相应结论。

本书的公共教育支出对应的数据均来自于历年《中国教育经费统计年鉴》和《中国财政年鉴》，有关国民经济的数据则来源于相应年份的《中国统计年鉴》，其他分析中所用到的原始数据基本也是出自上述资料，后文不再赘述。国外的数据来自于部分年份的《国际统计年鉴》和《世界发展指标》，以及世界银行的互联网统计数据库。

（二）我国公共教育支出的规模与结构

1. 我国公共教育支出的规模分析

衡量教育支出规模有绝对指标和相对指标两类。前者为一国某一时期内的公共教育支出绝对数额，其中根据不同的划分标准又可以分为教育经常性支出总额、生均公共教育支出额、人均公共教育支出额等；后者指公共教育支出与国民经济其他指标间的相对关系，如公共教育支出占 GDP 的比重、占财政支出的比重以及生均公共教育支出占人均 GDP 的比重等。

自中华人民共和国成立开始就比较重视教育事业，是世界上基础教育最为发达和公平的国家之一（世界银行，2006）。但最近 20 多年来，随着中国市场化改革的不断深入，教育事业也多少受到了冲击，尽管教育支出的规模在不断扩大，但是占 GDP 的比重至今离发展中国家的平均水平还有不小距离。近 20 年来，我国公共教育支出增长速度明显加快，从 1997 年的 1358 亿元增长到 2014 年的 22576 亿元，增长了 16 倍；公共教育支出占 GDP 的比重也从 1997 年的 1.74% 上升到2014年的3.55%①。图4－4和图4－5分别显示了近年来我国公共教育支出总额与公共教育支出占GDP比重的变化趋势。

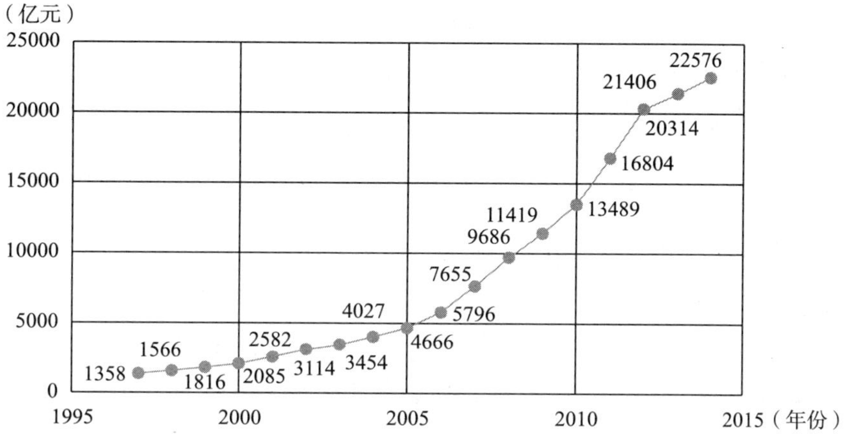

图4－4　公共教育支出总额的变化趋势

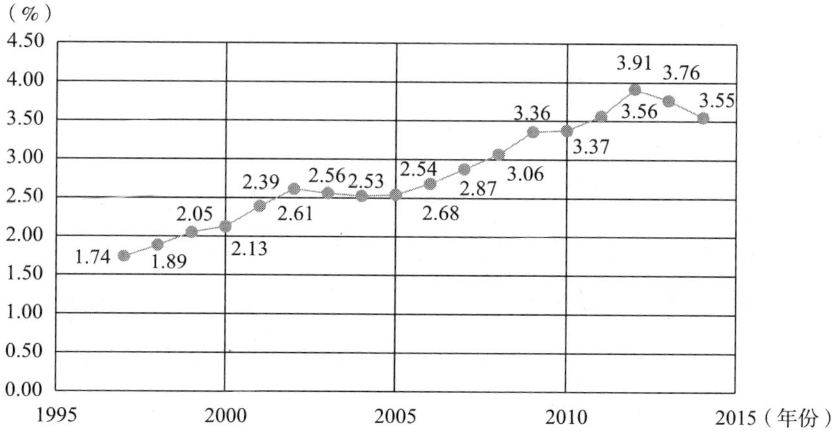

图4－5　公共教育支出占GDP比重的变化

① 由教育部、国家统计局、财政部联合发布的《全国教育经费执行情况统计公告》指出，"国家财政性教育经费"主要包括公共财政预算教育经费、各级政府征收用于教育的税费、企业办学中的企业拨款、校办产业和社会服务收入用于教育的经费等。该报告据此计算得出国家财政性教育经费占国内生产总值的比例，这些数据也被各种文献广泛引用，用来表示公共教育支出占GDP的比重。但依据本书对公共教育支出的界定，选用"财政预算内教育拨款"指标更为准确，统计的是中央和地方各级政府预算内教育拨款，并且2012年以后该统计指标不包含教育附加费。该指标值显然小于国家财政性教育经费，故而本书计算得到公共教育支出占GDP的比例相应也比大多数文献中的低。

需要说明的是，1993 年的《中国教育改革和发展纲要》中提出到 20 世纪末财政性教育经费达到 GDP 比重 4% 以上的目标（以下简称 4%），2006 年的《国民经济和社会发展第十一个五年规划纲要》重申了这一目标。如果按照国家财政性教育经费投入计算，2012 年全国财政性教育经费占 GDP 的比重为 4.28%，标志着这一目标首次实现，此后 2013 年、2014 年这一比例均在 4% 以上。但是，为了便于与国际同类数据进行同口径比较，本书度量公共教育支出的指标为财政预算内教育经费，按此计算得到的公共教育支出占 GDP 的比重 2012 年最高，达到 3.91%，还未突破 4%。

2. 与其他国家的横向比较

根据世界银行的数据库，我们列出了 1997 ~ 2011 年有连续数据统计的 35 个中等收入以上国家（30 个 OECD 国家和亚洲 5 国）公共教育支出占 GDP 比重的数据，并列出了同期世界各国平均水平以及高收入国家、中等收入国家各年度的平均水平（见表 4 - 4）①②。数据表明，2000 ~ 2011 年世界各国公共教育支出占 GDP 的比重平均值在 3.86% ~ 4.53%，且这一比例相对稳定。其中，高收入国家公共教育支出占 GDP 的比重基本都在 5.0% 以上，只有 2000 年和 2008 年低于 5.0%。中等收入国家公共教育支出占 GDP 的比重基本都在 4.0% 以上，只有 2000 年低于 4.0%。在列举的 35 个国家中，1997 ~ 2011 年只有日本和土耳其两个国家的公共教育经费占 GDP 的比重在 4.0% 以内，其余 33 个国家各年度公共教育支出占 GDP 的比重均在 4.0% 以上，平均值为 4.85%。对比之下，2000 年、2005 年、2008 年和 2011 年我国公共教育支出占 GDP 的比重分别为 2.13%、2.54%、3.06% 和 3.56%，这一比例虽然一直在上升，但都没有超过 4.0%，不仅低于高收入国家平均水平，也低于中等收入国家平均水平、世界平均水平和 35 国平均水平。

---

① 30 个 OECD 国家是指不含 2010 年以后加入的智利、以色列、斯洛文尼亚、爱沙尼亚和拉脱维亚五国，同时为了便于比较，我们再加上了亚洲的泰国、马来西亚、菲律宾、越南和印度尼西亚五个发展中国家。

② 数据来源于世界银行网站：http：//data.worldbank.org.cn/indicator/SE.XPD.TOTL.GD.ZS。

表 4－4　公共教育支出占 GDP 的比重　　单位：%

国家＼年份	2000	2005	2008	2011	年度平均
高收入国家	4.88	4.93	5.37	5.45	5.16
中等收入国家	3.96	4.44	4.34	4.21	4.24
中国	2.13	2.54	3.06	3.56	2.82
35 国平均	4.58	4.83	5.02	4.96	4.85
世界平均	3.86	4.20	4.40	4.53	4.25

一项基于 72 个国家 1975～2005 年的数据样本统计发现，世界各国公共教育支出占 GDP 比重的平均值在 4%～5%，为 4.62%①。并且，21 世纪以来，世界各国的公共教育支出规模有增加的趋势，从 2000～2005 年 72 国公共教育支出占 GDP 的综合平均值增长到了 4.85%，明显高于之前。可见，随着 21 世纪的到来，各国加大了对教育的公共支出，公共教育支出占 GDP 的比重已接近 5%，这对我国是一个警示，也给未来财政支出改革提供了有效的借鉴。

3. 我国公共教育支出的结构分析

按照中国财政与教育部门的有关规定，中国教育支出主要方向为教育事业费投入和教育基本建设投资。其中，前者是教育投资中用于教育事业的经常性经费，它又分为人员经费和公用经费两类。后者是用于教育的固定资产投资。本书的公共教育支出主要关注预算内教育经费。从中国实践可知，文教科卫事业费支出历年来一直是中国地方财政支出中所占比重最大的一项，并且一直呈不断增长的趋势。这其中，预算内教育经费支出占财政支出的比重一直较高，如图 4－6 所示。

从地方教育事业费的用途结构来看，20 世纪 90 年代起，人员经费比重逐年上升，公用经费比重逐年下降，且人员经费部分所占比重大大高于公用经费。究其原因，可能与 20 世纪 90 年代以来的中国工资制度的改革有关。这一趋势促使

① 蒋义.4%：公共教育支出占 GDP 比重必须达到的分配规律［Z］.2010 年中国教育经济学学术年会。

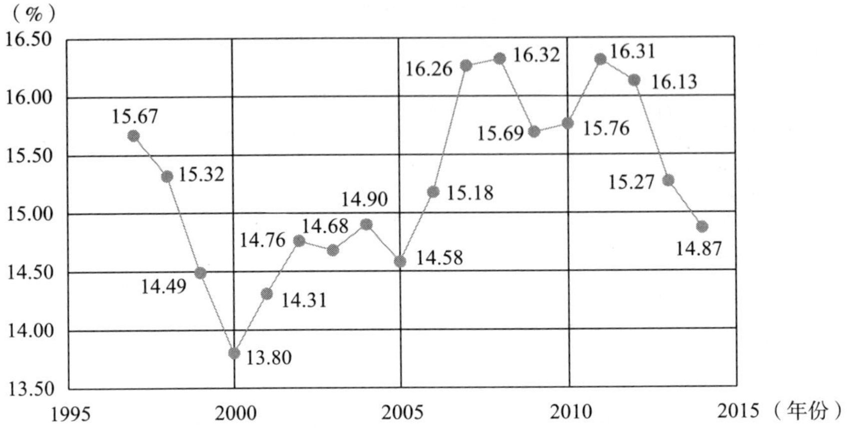

图4－6　公共教育支出占财政支出比重的变化

人员经费迅速增长，同时由于物价持续上涨，造成教育公用经费实际支出水平不断下降。但整体来说，人员经费与公用经费这一比例结构不利于改善中国办学条件，因为教学仪器设备和图书等购置受到限制必然影响到教育质量的提高。

从公共教育支出的分配结构来看，高等教育的比重最大，而小学的生均经费增加最快，如图4－7所示。这表明21世纪以来，我国教育经费的投入格局发生了显著变化，公共教育经费投入重心逐渐下移。国际上常用生均教育经费指数来跟踪各级教育的普及和各级教育质量的提高。生均教育经费指数是指生均公共教育支出与人均GDP的比值，这一指标剔除了经济发展水平对生均公共教育支出的影响，便于进行国际比较。一般来说，经济发展水平较高的地区各级生均教育指数的差异较小，高等教育的公共教育支出占GDP的比重会相对较低，而初、中等教育支出占GDP的比重相对较高。我国生均教育经费指数也显示了这一趋势，如表4－5所示。1998年普通高校生均经费指数为99.14，到2014年降低到34.53，普通小学的生均教育经费指数则从1998年的5.41增长到2014年的16.47，普通初中同期从8.93增长到22.22，而普通高中和中等职校并没有显著变化。2014年小学生均教育经费指数基本达到了2000年OECD国家水平，但与其他国家2008年水平相比仍然存在较大差异，在OECD国家中仅高于土耳其，与墨西哥相当①。

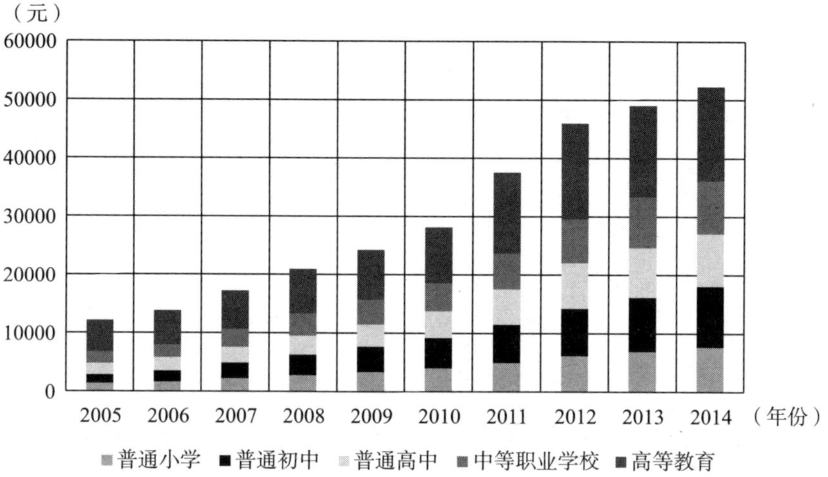

图 4-7　各级教育生均公共财政预算教育事业费

表 4-5　各级生均教育经费指数　　单位：%

年份＼阶段	普通小学	普通初中	普通高中	中等职校	高等学校
1998	5.41	8.93	18.26	16.29	99.14
2002	8.60	10.16	16.56	17.61	65.37
2006	9.84	11.42	13.49	13.03	35.35
2010	13.13	17.05	14.75	15.84	31.37
2014	16.47	22.22	19.35	19.58	34.53

三、小结

承接第二章文献回顾部分，本章先分析了我国代际收入流动的特征。在回顾

① 沈百福，杨治平．居民教育支出与公共教育支出的国际比较［J］．教育理论与实践，2013（19）：20-23。

代际流动性测量方法的基础上，利用2007年中国家庭收入项目调查中的个人收入、消费和就业数据测算了中国的代际收入弹性。我们发现2007年总体样本中的代际收入弹性为0.414，其中城镇和农村的代际收入弹性分别为0.382和0.236。与其他研究者的结果相比，本书得到的代际收入弹性处于中等偏下水平。横向来看，与其他国家的代际收入弹性比较，我国的代际收入弹性处于中等偏高水平，表明我国代际收入流动程度不高。为了规避代际收入弹性估计中的各种偏误问题，本章还通过转换矩阵法测算了我国东、中、西三大区域的代际收入流动性，发现我国东部地区代际收入流动性最高，西部地区最低。

此外，本章对我国公共教育支出的内涵、范围和特征进行分析。结合公共教育支出的内涵，同时为了便于与其他国家同口径比较，本书最终界定我国政府的公共教育支出为财政预算内教育经费。本书中的公共教育支出数据均取自历年《中国教育经费统计年鉴》和《中国财政年鉴》，在使用时根据两种数据的具体特点进行了综合。本章接下来分析了我国公共教育支出的规模及结构特征。分析发现，近20年来我国公共教育支出增长速度明显加快，占GDP的比重也从1997年的1.74%上升到了2014年的3.55%。但与2000~2011年世界各国公共教育支出占GDP比重平均值3.86%~4.53%相比，中国公共教育支出占GDP比重依然较低。不论是与高收入国家平均水平相比，还是与中等收入国家平均水平、世界平均水平以及本书选取的35国平均水平相比，中国的这一比例都明显偏低。从我国地方公共教育支出的结构来看，人员经费比重逐年上升，公用经费比重逐年下降，且人员经费部分所占比重大大高于公用经费所占比重。从公共教育支出的分配结构来看，生均教育经费支出方面，高等教育所占比重最大，而普通小学的增长最快。同时，本书还发现，我国生均教育经费指数不断改善，各级教育的普及和教育质量均有提高，目前小学生均教育经费指数基本达到了2000年OECD国家平均水平，不过与2012年OECD国家平均水平相比仍然存在较大差距。

第五章　公共教育支出对居民代际收入流动性的影响

——理论分析

一、公共教育支出影响代际收入流动性的一般分析

如前所述，如果存在信贷约束，那么低收入的家庭就不能够对子女进行最优的人力资本投资，这样任何额外的收入都会导致子女人力资本投资的增加。公共教育支出会改变父代所面临的信贷约束，从而影响代际收入流动。在父代影响子代收入的三种途径（禀赋、社会关系和人力资本投资）中，公共教育支出主要是通过第三种方式。其基本逻辑是：低收入家庭的父代在对子代进行人力资本投资时可能会遭遇到信贷约束，而公共教育支出是缓解这一约束的核心公共产品。从逻辑上讲，政府的公共教育支出会削弱家庭财富对子代的影响，从而提高代际收入流动性。我们可以通过一个理论模型简单说明这种关系。

假定个体会最大化受教育与工作两阶段的总效用 $U(C_0, C_1)$，其中 $C_0(Y_0, E_0)$ 为当前效用，Y_0 是从父代继承的财富，E_0 是受教育成本，C_1 为下一期效用。个体初始财富由父代收入 P_w 决定，受教育成本由家庭负担的教育成本和政府教育补贴所构成。父代对子代的受教育成本有两个方面的影响：一是受教育程度高的父母会更多地鼓励子代接受教育，从而增加其受教育成本，这部分成本可以表示为 $\theta P_s S^{\gamma}$；二是较高家庭的孩子会继承父代较好的基因，从而会减少其努

力程度，这部分成本表示为 $\varphi_2 P_a S$。假定公共教育支出 G 与个体受教育年限成正比，那么子代在第一阶段的受教育成本 E_0 可以表示为：

$$E_0 = \theta P_s S^{\gamma} - \varphi_1 GS - \varphi_2 P_a S \tag{5-1}$$

得到第一阶段的效用为：

$$C_0 = P_w - E_0 = P_w - \theta P_a S^{\gamma} - \varphi_1 GS - \varphi_2 P_a S \tag{5-2}$$

假定个体工作后的消费由预期工资 Y_1 决定，并且与个体受教育程度正相关，则有：

$$C_1 = Y_1(S) = \alpha S \tag{5-3}$$

当个体选择最优教育投资水平时，会最大化其效用函数

$$U(C_0,\ C_1) = \ln(P^{w} - \theta P_a S^{\gamma} + \varphi_1 GS + \varphi_2 P_a S) + \beta \ln(\alpha S) \tag{5-4}$$

最优时有：

$$\frac{\partial U}{\partial S} = \frac{-\theta\gamma P_a S^{\gamma-1} + \varphi_1 G + \varphi_2 P_a}{P_w - \theta P_a S^{\gamma} + \varphi_1 GS + \varphi_2 P_a S} + \frac{\beta}{S} = 0 \tag{5-5}$$

对公式（5-5）变形整理后得到 G 与其他变量的关系：

$$G = \frac{\beta P_w - [\varphi_2(1+\beta)S - \theta(\beta+\gamma)S^{\gamma}]P_a}{\varphi_1(1+\beta)S} \tag{5-6}$$

对公式（5-6）求导，得到 $\frac{\partial G}{\partial P_w} = \frac{\beta}{\varphi_1(1+\beta)S} < 0$，所以政府教育支出与家庭收入负相关，即政府增加公共教育支出时会使父代收入对子代教育投资的影响减弱。这样，我们在逻辑上的直觉得到了验证。

代际收入流动的传递机制可以用图 5-1 来表示。显然，这一路径图中显示了很多难以观测和准确度量的变量，比如禀赋（文化遗传、基因遗传）和家庭背景等，并且在各变量之间还有复杂的相互联系，使得完全分解各种传递路径成为几乎不可能完成的任务。因此，现有的经验研究大多只选择一个或几个较为显著的途径进行研究，以探求其在代际收入流动中的重要作用。针对中国的一些杰出研究已经证实，代际收入流动最重要的三种传递路径是教育、职业和健康（汪艳敏，2013；陈琳，2014；杨娟，2016），其中教育的作用至关重要。公共教育支出的作用在于通过改变父代的信贷约束来尽可能增加子代受教育程度，进而增

进子代人力资本积累，最终影响子代收入。但公共教育支出能否有效影响代际收入流动性还必须依赖于公共教育体制与劳动市场的有效性这两个前提，因而开辟了另两个研究方向：不同教育体制下人力资本投资对代际收入流动性的影响和劳动市场有效性对代际收入流动性的影响。其中后者需要研究各阶段教育的收益率，本章暂不做讨论，而前者则是本章接下来的主要研究内容。

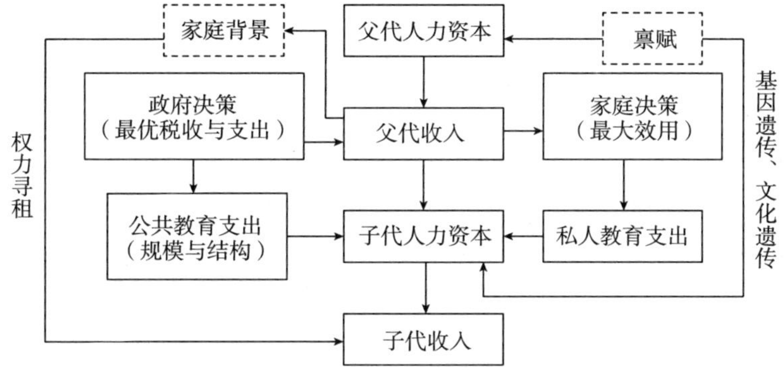

图 5－1　代际收入流动的传递机制

二、教育支出体制对代际流动性的影响[①]

加拿大经济学家迈尔斯·克拉克用一条向右上方倾斜的曲线来说明高度不平等的国家具有较低的代际流动性，其横轴是以各国基尼系数表示的社会不平等程度，纵轴是以各国代际收入弹性表示的代际收入流动性，他发现这两者之间存在正相关关系，现在人们常常称之为“了不起的盖茨比曲线”（The Great Gatsby Curve）。虽然有一些研究倾向于支持中国存在“了不起的盖茨比曲线”，但我们

① 徐俊武，黄珊．教育融资体制对代际流动性与不平等程度的动态影响：基于 OLG 模型的分析[J]．财经研究，2016（8）．

认为这可能与他们在研究中既没有有效区分代际流动性的短期值和长期值，也没有考虑人力资本形成中的不确定性有关。因而，我们还不能简单认定中国存在“了不起的盖茨比曲线”。那么，在中国是否代际流动性越高则不平等程度越低呢？为了解答上述疑问，本章拟从教育支出体制视角出发，构建一个代际交叠模型分析和比较公共与市场（私人）两种教育支出体制下的代际流动性。该模型在国内首次考虑了子代人力资本形成中的不确定性，并重点区分了代际流动性的短期值和长期值。依据此模型追踪了代际流动性和不平等程度的整个演化路径。通过这部分研究有益于厘清代际流动性与不平等程度的复杂关系，也能为相关实证研究提供参考。

（一）引言

近年来，免费义务教育全面实现、高等教育逐渐大众化和职业教育的蓬勃发展使中国的教育体制正经历着深刻的变化。随着我国市场化改革的深入，深化教育体制改革势在必行，而教育经费投入机制改革既是教育体制改革的重点也是难点。正如《国家中长期教育改革和发展规划纲要（2010～2020年）》所指出的，专项改革的重点之一是“完善教育投入机制，提高教育保障水平”。改革开放以前，我国主要推行公共教育体制，教育经费基本上由政府统一支付。改革开放以后，教育体制的改革也随之启动，部分教育经费开始由个体承担，市场（私人）教育体制的影响逐步增大。反观20世纪西方发达国家的教育体制改革历程，政府对教育的影响范围不断扩大，干预程度不断提高，公共教育体制的作用日益加强。从中外教育融资制度变迁过程可以发现，公共教育体制与市场教育体制两者之间并非泾渭分明，而是不断融合，其中也许存在一个和谐互补的“平衡点”。

即便在现代文明社会，受教育依旧是社会底层人群上升到社会上层的主要通道。良好的教育体制能够有效促进代际流动，有助于实现机会平等和社会的良性发展。基于代际流动性与不平等程度之间的这种密切理论联系，许多研究者认为代际流动性越高则不平等程度越低（Owen和Weil，1998；Nathalie Chusseau，

2012；Jerrim 和 Macmillan，2014）。改革开放以来，中国居民收入的基尼系数在波动中不断扩大，目前已超出国际警戒线甚远①。然而，同时期中国代际收入流动性却保持着上升趋势②。显然，这与上述许多研究结论所认为的“代际流动性越高则不平等程度越低”相矛盾③。是什么因素导致中国的代际流动性与不平等程度的变化方向与理论背离？这值得我们深入研究。

事实上，“代际流动性越高则不平等程度越低”这一结论本身指的是经济体处在稳态时代际流动性与不平等程度之间的关系，然而中国作为世界上最大的发展中国家，社会经济发展迅速，显然不能用“稳态”这一严苛的假设去作研究和分析。在传统的代际流动性研究中，比较典型的方法是将子代收入对父代收入作回归以求解代际收入弹性（周群力，2010；韩军辉，2010；陈琳、袁志刚，2012；王美今、李仲达，2012）。然而这种静态的处理方法并没有对代际流动性短期值和长期值进行有效的区分，也没有考虑人力资本形成中的不确定性。这些可能是导致中国代际流动性与不平等程度的变化与理论背离的部分原因。为此，本章试图从教育支出体制入手探寻代际流动与不平等程度的动态变化。20 世纪 90 年代以来，西方学者对市场（私人）教育体制与公共教育支出体制对收入分配的影响分别进行了研究，发现公众可能更加偏向于公共教育体制（Galor 和 Zeira，1993；Eckstein 和 Zilcha，1994）。为了探讨不同的教育支出体制对代际流动性的影响，Glomn（1997）、Glomm 和 Ravikumar（1992）、Zhang（1996）及 Gradstein 和 Justan（1997）分别分析了市场和公共教育支出体制下的经济增长以及收入分配的演化特征。在此基础上，本章将构建一个代际交叠模型重点分析公共教育支出体制和市场教育支出体制下代际流动性的短期值和长期值以及与不平

---

① Chen 等（2010）利用《中国统计年鉴》中居民收入分组统计数据推算出 1978 ~ 2006 年中国基尼系数经历了短暂的下降，20 世纪 80 年代中期以后稳步上升。周云波（2009）也推算出 1979 ~ 2007 年全国居民总体收入差距在不断扩大。

② 陈琳和袁志刚（2012）利用中国社会综合调查（CGSS）和中国家庭收入调查中的数据计算出中国的代际收入弹性，并使用中国家庭营养与健康调查（CHNS）中的数据进行稳健性检验，发现 1988 ~ 2005 年中国的代际收入弹性先大幅下降而后逐步稳定。

③ 实际上本章的研究结论同样也支持这一观点，但仅限于长期。根据本章的模型，代际流动性的长期值越大必然意味着不平等程度的长期值越小。

等程度的相互影响关系。

与现有文献相比，本书主要做了两点改进：第一，引入人力资本形成过程中的不确定性。现有代际流动性研究在设定双对数线性模型时往往假定人力资本生成过程或者子代收入是确定性的，暗含着“同质性个体”假设，而这显然与现实相去甚远。针对这种缺憾，本书对 Glomm 和 Ravikumar（1992）的模型进行了扩展，在人力资本形成过程中引入随机冲击项，这也是本书的创新点之一。这使子女的人力资本生成过程具有了不确定性，可能会对代际流动性和不平等程度产生重要影响。因为在现实生活中，“运气”也是决定事情成败的重要因素。例如，父母聪明子女未必一定聪明，父母条件优越子女未必一定能成才。Be’nabou（1996）就认为每一代个体经历的不同冲击是持续性不平等的重要来源。第二，有效地区把代际流动性分为短期值和长期值。长期值指的是模型达到稳态时代际流动性的取值，反映其长期趋势；而短期值为代际流动性在转移动态中某个时间点上的取值，是动态过程中的某一个节点。代际流动性短期值与长期值常常不同，主要是因为在转移动态中不平等程度在不断地发生变化。如果初始不平等程度是给定的，代际流动性和不平等程度对不同冲击源反应的差异还可以通过转移动态表现出来。在转移动态中人力资本积累不确定性和“市场教育体制份额”会分别对不平等程度和代际流动性的短期值和长期值产生影响。这一过程中代际流动性的变化特征可以帮助其他研究者鉴别导致代际流动性变化的原因，为相关经验分析提供可能的便利。

为了刻画在转移动态中不同教育支出体制下代际流动性和不平等程度的短期值与长期值的变化过程，本章接下来作如下安排：第二部分介绍了基准模型以及不同教育支出体制下个体最优决策，得到本章测度代际流动性的方法。第三部分对模型进行了动态分析，重点关注了教育支出体制对不平等程度和代际流动性的短期值与长期值的影响。第四部分为结论与启示。

（二）基准模型

受益于代际交叠模型在代际流动性研究方面的优良特性，本书构建了一个代际交叠模型来分析不同教育支出体制下的代际流动性和不平等程度。假设经济活动都在离散的无限期的时间背景下展开，人口增长率为 0，每个个体只存活两期。模型中的父母参加工作、进行消费并且投入人力资本（时间）和物质资本抚养子女。子女不参加工作，专注于自身的人力资本形成，并且会受到父母对子女的物质资本投入、父母对子女的人力资本投入、社会教育质量和随机冲击等因素的影响。假设子女的人力资本积累公式为：

$$h_{t+1}^{i}=\eta(B_{t}^{i})^{\alpha}(L_{t}^{i})^{\beta}(H_{t})^{\gamma}\xi_{t}^{i} \tag{5-7}$$

其中，$0<\alpha$，β，$\gamma<1$，满足要素投入的边际递减规律。η 为常数，$\eta>0$。父母工资收入的用途分成两部分：一部分用于自身的消费；另一部分用来对子女进行物质资本投资（子女的成长和教育需要消耗物质财富）。β_{t}^{i} 为父母对子女的物质资本投入。父母人力资本的用途也分成两部分，一部分用于参加工作创造收入，另一部分用于抚养子女（特别是子女的教育）。L_{t}^{i} 为父母对子女的人力资本投入。H_{t} 为 t 时期整个社会的平均人力资本，反映了社会的教育质量和学习氛围。ξ_{t}^{i} 为随机冲击，它对于个人来说是不确定的。假设 ξ_{t}^{i} 服从自然对数正态分布 $\ln\xi_{t}^{i}\sim N(-p^{2}/2,\ p^{2})$，其中，$p^{2}$ 为对数正态分布的方差，描述了人力资本积累不确定性的大小。由对数正态分布的性质可知 $E(\xi_{t}^{i})=1$，这说明平均来看不确定性因素不会给个体的人力资本积累带来影响。舒元（2007）使用 1997 ~ 2004 年的人口调查数据对中国人力资本积累进行了研究，发现我国的人力资本分布服从自然对数分布，因此本章假设个体的初始人力资本分布满足 $\ln h_{0}^{i}\sim N(\mu_{0},\ \sigma_{0}^{2})$，并且 Glomm 和 Ravikumar（1992）与 Be' nabou（1996）也曾作过同样的假定。

按照支出体制的不同，教育体制常常分为市场教育支出体制和公共教育支出体制两种，现实中各国的教育支出体制便是这两者的混合体（舒元、才国伟，2007）。在市场教育支出体制下，子女的教育支出（物质资本消耗）完全由父母自主决策和完成支付。在公共教育支出体制下，政府首先按同等税率对不同父母的工资收入收税，其次将税收所得平均分配给每一个需要受教育的子女。为了研究这两种方式对子女人力资本积累、不平等程度和代际流动性的影响，本书接下来分别在两种教育体制下求解个体的最优决策。

1. 市场教育体制下的最优决策

在市场教育支出体制下，父母的工资收入为 $y_t^i = v_t^i h_t^i$，其中 h_t^i 为父母的人力资本。父母将比例为 ν_t^i 的人力资本用于参加工作，将剩下的比例为 $1-\nu_t^i$ 的人力资本用于抚养子女，因此市场教育支出体制下父母对子女的人力资本投入为：

$$L_t^i \equiv (1-\nu_t^i)h_t^i \tag{5-8}$$

父母参加工作可以获得工资收入，该笔收入将分作三部分的用途。首先，子女受教育需要物质资本投入，假设父母将比例为 τ_t^i 的工资收入用来作为对子女的物质资本投入，因此 $B_t^i = \tau_t^i y_t^i = \tau_t^i \nu_t^i h_t^i$。其次，对于扣除了第一部分用途的工资收入，父母会将比例为 φ_t^i 的部分用于自身的消费，即 $c_t^i = \varphi_t^i(1-\tau_t^i)\nu_t^i h_t^i$。最后，父母将工资收入剩下的部分用作其幼年子女的消费，即 $d_t^i = (1-\varphi_t^i)(1-\tau_t^i)\nu_t^i h_t^i$。因此，在市场教育体制下，子女的人力资本积累公式为：

$$h_{t+1}^i = \eta(\tau_t^i \nu_t^i h_t^i)^\alpha[(1-\nu_t^i)h_t^i]^\beta (H_t)^\gamma \xi_t^i \tag{5-9}$$

假设父母的效用函数为 $U_t^i = \ln c_t^i + \omega \ln d_t^i + \rho E_t \ln h_{t+1}^i$，其中，$\rho$ 为时间贴现率，E_t 表示对未来效用期望。一方面，父母进行消费会给自身带来效用。另一方面，在现实生活中，父母一般望子成龙，子女的优异表现会激励父母并给其带来荣耀感，因此子女的人力资本也会给父母带来效用；子女的消费代表了其生活水平，对于具有利他主义的父母来说，幼年子女的生活质量关乎自身效用，因此将其计入效用函数，并赋予权重 ω。在这些条件下，父母面临的最优化问题为：

$$\text{Max}\{\ln\varphi_t^i(1-\tau_t^i)\nu_t^i h_t^i + \omega\ln(1-\varphi_t^i)(1-\tau_t^i)\nu_t^i h_t^i + \rho E_t \ln h_{t+1}^i\}$$

$$\text{s. t.} \quad h_{t+1}^i = \eta(\tau_t^i \nu_t^i h_t^i)^\alpha[(1-\nu_t^i)h_t^i]^\beta (H_t)^\gamma \xi_t^i$$

求解此最优化问题可得：

$$\tau_t^i \equiv \hat{\tau} = \frac{\rho\alpha}{1+\rho\alpha+\omega} \tag{5-10}$$

$$\nu_t^i \equiv \hat{\nu} = \frac{1+\omega+\rho\alpha}{1+\omega+\rho\alpha+\rho\beta} \tag{5-11}$$

通过此最优解我们可以发现，τ_t^i 和 ν_t^i 并不会随着时间发生变化，因此可以将它们的取值分别定义为 $\hat{\tau}$ 和 $\hat{\nu}$。由子女人力资本生成函数可知，α 为物质资本投入对子女人力资本的弹性，衡量了物质资本投入的回报率。α 的取值越大，则 τ_t^i

越大，在其他条件不变的情况下，父母对子女的物质资本投入越多。β 为人力资本投入对子女人力资本的弹性，衡量了人力资本投入的回报率。β 的取值越大，则 $1-\nu_t^i$ 越大，在其他条件不变的情况下，父母对子女的人力资本投入越多。将此最优解代入公式（5-9），可得市场教育体制下人力资本的积累公式为：

$$h_{t+1}^i=\eta(\hat{\nu}\hat{\tau})^{\alpha}(1-\hat{\nu})^{\beta}(h_t^i)^{\alpha+\beta}H_t^{\gamma}\xi_t^i\equiv\Lambda_1(h_t^i)^{\alpha+\beta}H_t^{\gamma}\xi_t^i \tag{5-12}$$

为了简化表述，定义 $\Lambda_1\equiv\eta(\hat{\nu}\hat{\tau})^{\alpha}(1-\hat{\nu})^{\beta}$，同时令 $\delta_1\equiv\ln\Lambda_1$，将公式（5-12）等式两边同时取对数可得：

$$\ln h_{t+1}^i=\delta_1+(\alpha+\beta)\ln h_t^i+\gamma\ln H_t+\ln\xi_t^i \tag{5-13}$$

2. 公共教育体制下的最优决策

在公共教育支出体制下，父母对子女的人力资本投入依然具有自主决策的权利，因此子女所获得的人力资本投入依旧为 $L_t^i=(1-\nu_t^i)h_t^i$。然而在此体制下父母对子女的物质资本投入则由政府决定，政府首先按税率 τ_t 对父母的工资收入进行征税，其次将税收所得平均分给社会中每一个需要受教育的子女，因此子女获得的物质资本投入为：

$$B_t^i=\int_0^{\infty}\tau_t^i\nu_t^ih_t^i\mathrm{d}h_t=\tau_t\nu_tH_t \tag{5-14}$$

在公式 5-14 中，$\tau_t^i=\tau_t$ 是由政府外生给定的，v_t 为经济体内的平均值。对比两种教育体制下的物质资本投入公式可以发现它们明显不同，这也是在本模型下两种教育体制的本质区别。在市场教育体制下，每个子女获得物质资本投入是由其父母决定的，因此不同子女获得的物质资本投入不尽相同。但是在公共教育体制下，子女受教育所需的物质资本由政府统一拨付，不同子女获得的物质资本投入完全同质同量。结合物质资本投入公式和人力资本投入公式，可以得到公共教育体制下的人力资本积累公式为：

$$h_{t+1}^i=\eta(\tau_t\nu_tH_t)^{\alpha}[(1-\nu_t^i)h_t^i]^{\beta}(H_t)^{\gamma}\xi_t^i \tag{5-15}$$

在公共教育体制下，由于父母工资收入的第一部分用途发生变化，这会影响到其工资收入的第二部分用途和第三部分用途。此时，父母自身的消费变为 $c_t^i=\varphi_t^i(1-\tau_t)\nu_t^ih_t^i$，其幼年子女的消费变为 $d_t^i=(1-\varphi_t^i)(1-\tau_t)\nu_t^ih_t^i$。因此父母面临的最优化问题如下：

$$\mathrm{Max}\{\ln\varphi_t^i(1-\tau_t)\nu_t^i h_t^i+\omega\ln(1-\varphi_t^i)(1-\tau_t)\nu_t^i h_t^i+\rho E_t\ln h_{t+1}^i\}$$

$$\text{s. t.}\quad h_{t+1}^i=\eta(\tau_t\nu_t H_t)^\alpha[(1-\nu_t^i)h_t^i]^\beta(H_t)^\gamma\xi_t^i$$

求解此最优化问题可得：

$$\tau_t\equiv\bar{\tau}=\frac{\rho\alpha}{1+\rho\alpha+\omega} \tag{5-16}$$

$$\nu_t^i\equiv\bar{\nu}=\frac{1+\omega}{1+\omega+\rho\beta} \tag{5-17}$$

由公式（5－16）和公式（5－17）可知，τ_t 和 v_t^i 也不随时间发生变化，因此将它们的取值分别定义为$\bar{\tau}$和$\bar{\nu}$。将此最优解代入公式（5－15），可得公共教育体制下的人力资本积累公式为：

$$h_{t+1}^i=\eta(\bar{\nu}\bar{\tau})^\alpha(1-\bar{\nu})^\beta(h_t^i)^\beta H_t^{\alpha+\gamma}\xi_t^i\equiv\Lambda_2(h_t^i)^\beta H_t^{\alpha+\gamma}\xi_t^i \tag{5-18}$$

为了简化表述，定义 $\Lambda_2\equiv\eta(\bar{\nu}\bar{\tau})^\alpha(1-\bar{\nu})^\beta$，同时令 $\delta_2=\ln\Lambda_2$，将公式（5－12）等式两边同时取对数可得：

$$\ln h_{t+1}^i=\delta_2+\beta\ln h_t^i+(\alpha+\gamma)\ln H_t+\ln\xi_t^i \tag{5-19}$$

比较公式（5－10）和公式（5－16）可知，$\hat{\tau}=\bar{\tau}$，即无论是哪一种教育体制，父母工资收入用于对子女物质资本投入的比例是一样的。比较公式（5－11）和公式（5－17）可知，$\hat{\nu}>\bar{\nu}$，即市场教育体制下父母对子女的人力资本投入比例大于公共教育体制下父母对子女的人力资本投入比例。令 $Q=\alpha+\beta+\gamma$，可以将两种不同教育支出体制下人力资本积累公式合并写成如下形式：

$$h_{t+1}^i=\Lambda_j(h_t^i)^{\phi_j}H_t^{Q-\phi_j}\xi_t^i \tag{5-20}$$

在公式（5－20）中，$j=1$，2，$\phi_1=\alpha+\beta$，$\phi_2=\beta$。ϕ_1 和 ϕ_2 分别衡量了市场教育体制和公共教育体制下人力资本的代际传递性。当 $j=1$ 时，对应于市场教育体制下的人力资本积累公式（5－12）；当 $j=2$ 时，对应于公共教育体制下的人力资本积累公式（5－18）。将公式（5－20）等式两边同时取对数可得：

$$\ln h_{t+1}^i=\delta_j+\phi_j\ln h_t^i+(Q-\phi_j)\ln H_t+\ln\xi_t^i \tag{5-21}$$

公式（5－21）为本章的一个关键方程，该公式表明人力资本将以 $1-\phi_j$ 的速率收敛于稳态值。$1-\phi_j$ 是一种比较好的测度代际流动性的方法，其大小可以用公式（5－20）回归公式中 $\ln h_t^i$ 的系数估计值推算而来。在许多实证研究中，

ϕ_j 被称为代际弹性，那么 $1-\phi_j$ 即为代际流动性。Solon（1999）基于面板数据的实证研究表明，在美国 ϕ_j 的取值大概在 0.4 ~0.6。陈琳（2012）基于中国收入调查以及中国社会综合调查的数据研究发现，1988 ~2005 年中国的代际收入弹性大概在 0.25 ~0.50。

（三）动态分析

由于前文已经假设初始人力资本 h_0^i 和随机冲击 ξ_t^i 都满足对数正态分布，所以 h_t^i 也满足对数正态分布①。对公式（5 -21）等式两边同时取期望值可得 $\mu_{t+1}=\delta_j-p^2/2+Q\mu_t+(Q-\phi_j)\sigma_t^2/2$，再将公式（5 -21）等式两边同时取方差可得：

$$\sigma_{t+1}^2=\phi_j^2\sigma_t^2+p^2 \tag{5-22}$$

可以发现，σ_t^2 为带漂移项的一阶自回归过程。当 $0<\phi_j<1$ 时，σ_t^2 是收敛的；当 $\phi_j\geqslant 1$ 时，σ_t^2 是发散的。在 $0<\phi_j<1$ 的条件下，解公式（5 -22）可得：

$$\sigma_\infty^2=p^2/(1-\phi_j^2) \tag{5-23}$$

在公式（5 - 23）中，σ_∞^2 表示 σ_t^2 的长期值（稳态值）。人力资本对数值（$\ln h_t^i$）的方差 σ_t^2 比较好地测度了社会收入不平等程度，因为许多研究发现个体人力资本的差异在很大程度上解释了个体收入的差异（陈玉宇等，2004；陆铭等，2005；杨俊等，2008）。设想一个社会如果绝对平等，那么此时 $\sigma_t^2=0$，如果社会的不平等程度越大，则 σ_t^2 必然越大。将公式（5 -22）滞后一期，再将等式两边同时减去 σ_{t-1}^2，可得 $\sigma_t^2-\sigma_{t-1}^2=(1-\phi_j^2)(\sigma_\infty^2-\sigma_{t-1}^2)$。由于 $0<\phi_j^2<1$，这说明如果不平等程度高于稳态值（$\sigma_{t-1}^2>\sigma_\infty^2$）则其会下降，如果不平等程度低于稳态值（$\sigma_{t-1}^2<\sigma_\infty^2$）则其会上升，因此不平等程度会自动地收敛到稳态值保持不变。假设初始不平等程度为 σ_0^2，如果 $\sigma_0^2<\sigma_\infty^2$，那么 σ_t^2 会逐渐上升直至收敛到稳态值，如图 5 -2 所示；如果 $\sigma_0^2>\sigma_\infty^2$，那么 σ_t^2 会逐渐下降直至收敛到稳态值，如图 5 -3 所示。由此我们可以发现：如果确定初始不平等程度，不平

---

① 根据公式（5 -15）可以得到证明，详细的类似证明过程参见舒元、才国伟（2007）。

等程度的长期值在公共教育体制下总是比在市场教育体制下低，并且在任意时点公共教育体制下不平等程度的短期值总是较市场教育体制下低。

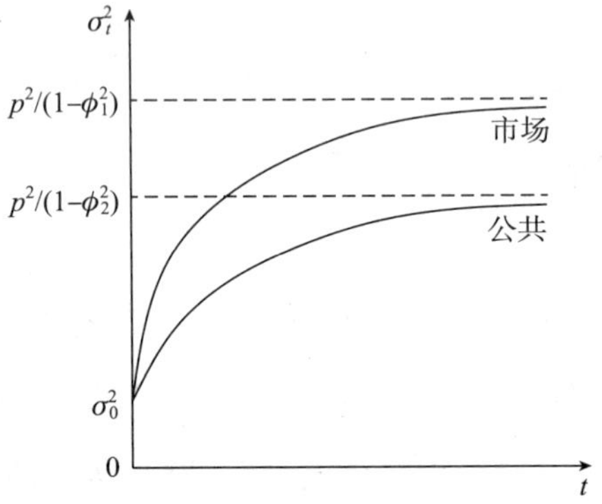

图 5-2　$\sigma_0^2<\sigma_\infty^2$

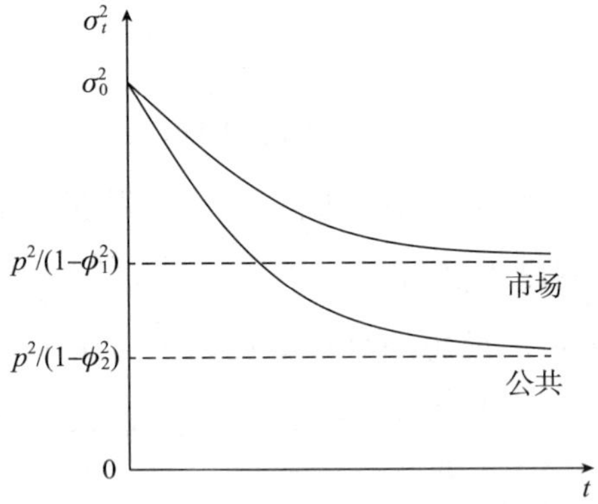

图 5-3　$\sigma_0^2>\sigma_\infty^2$

将公式（5-23）代入公式（5-22）消除 p^2 可得 $\sigma_{t+1}^2=\sigma_\infty^2+\phi_j^2(\sigma_t^2-\sigma_\infty^2)$，该式表明，经过每一代人，不平等程度短期值与稳态值之间的差距都会消失（$1-\phi_j^2$）的比例，因此可以将（$1-\phi_j^2$）作为不平等程度的收敛速率。由于 $\phi_1>\phi_2$，所以市场教育体制下不平等程度的收敛速率要低于公共教育体制下不平等程度的收敛速率。同时由公式（5－23）可知，不平等程度长期值与 p^2 成正比，但是其收敛速率（$1-\phi_j^2$）却并不受 p^2 的影响。无论在哪一种教育体制下，人力资本投入回报率（β）的上升都会使不平等程度长期值增大并且使其收敛速率减小。但是，物质资本投入回报率（α）的上升只有在市场教育体制下才会使不平等程度长期值增大并且使其收敛速度减小。

假设 $\ln h_t^i$ 和 $\ln h_{t+1}^i$ 的相关系数为 r_{t+1}，那么我们可以使用 $1-r_{t+1}$ 来有效地测度代际流动性。由公式（5－21）可知，$r_{t+1} \equiv \mathrm{Cov}(h_t,\ h_{t+1})/\sqrt{\mathrm{Var}(h_t)\mathrm{Var}(h_{t+1})}$ $\phi_j\sigma_t/\sigma_{t+1}$，其中 $j=1$，2，并且 $r\in[0,\ 1]$。基于以上分析，可以将代际流动性定义为：

$$M_{t+1} \equiv 1-r_{t+1}=1-\phi_j\sigma_t/\sigma_{t+1} \tag{5－24}$$

由于 $r\in[0,\ 1]$，所以 $M\in[0,\ 1]$，这一点与常规的代际流动性指标相同。请注意代际流动性 M_t 与人力资本收敛速率 $1-\phi_j$ 有较大的区别，这种区别会对下文关于不平等程度和代际流动性的分析产生重大影响①。模型到达稳态时，$\sigma_t/\sigma_{t+1}=1$，因此 $M_\infty=1-\phi_j$。可见代际流动性的长期值仅依赖于 ϕ_j 的取值，它独立于不平等程度。将公式（5－22）简单变形可得 $\sigma_{t+1}/\sigma_t=(\phi_j^2+p^2/\sigma_t^2)^{1/2}$，然后将此公式代入公式（5－24）可得代际流动性与不平等程度的直接关系为：

$$M_{t+1}=1-[1+p^2/(\phi_j^2\sigma_t^2]^{-1/2} \tag{5－25}$$

通过上文的分析可知，无论是在短期还是在长期，公共教育体制下的 ϕ_i 和 σ_t 都比市场教育体制下的小。这意味着：对于 $t\geqslant 1$ 的任何一代人，公共教育体制下的代际流动性总是高于市场教育体制下的代际流动性。其原因可能是在公共教育体制下，不同个体接受无差异的教育，因此导致代际流动性较高（Ferna'ndez 和 Rogerson，1998）。观察公式（5－25）还可以发现，M_{t+1} 为 σ_t^2 的单调减函数。因此，当 $\sigma_0^2<\sigma_\infty^2$，$\sigma_t^2$ 逐渐上升直至收敛到稳态值，那么 M_{t+1} 会逐渐减小直至收敛到稳态值，如图 5－4 所示；当 $\sigma_0^2>\sigma_\infty^2$，$\sigma_t^2$ 逐渐下降直至收敛到稳态

---

① 事实上，ϕ_j 表示代际弹性，而 r_{t+1} 表示代际相关性。在实证研究中，一般只能假设 $0<\phi_j<1$，而 r_{t+1} 本质为相关系数，本身满足 $0\leqslant r_{t+1}\leqslant 1$，并且还反映了相邻两代人收入的横截面离散程度，因此具有更加优良的特性。本章采用 $1-r_{t+1}$ 来测度代际流动性。参见 Sandra 和 Paul（2010）。

值，那么 M_{t+1} 会逐渐上升直至收敛到稳态值，如图 5－5 所示。

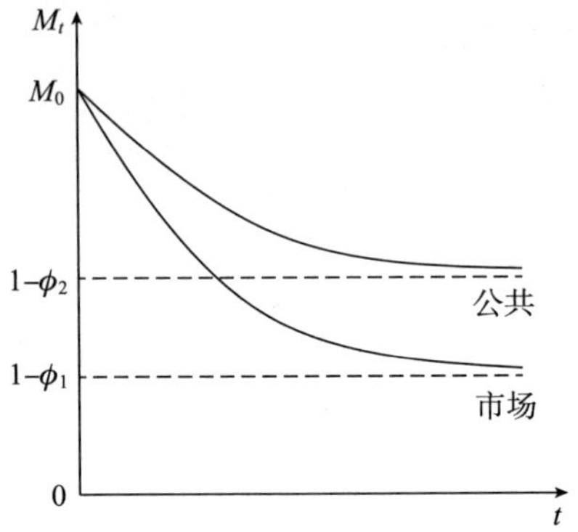

图 5－4　$\sigma_0^2<\sigma_\infty^2$

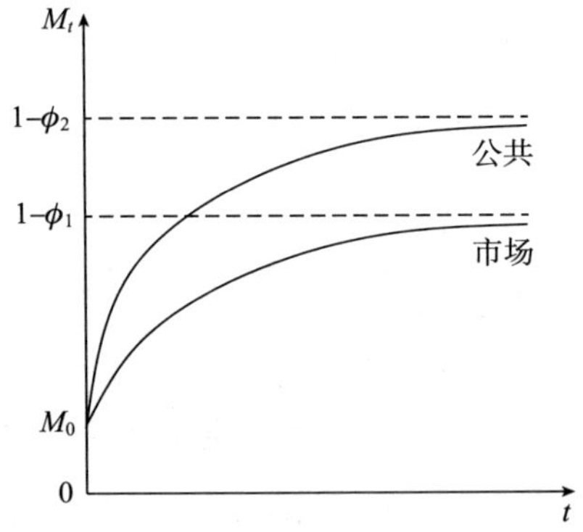

图 5－5　$\sigma_0^2>\sigma_\infty^2$

根据本书的模型，代际流动性并不受收入水平或收入增长率的影响，这可能与其他的一些研究结论有所不同。Owen 和 Weil（1998）发现在市场教育体制下，收入水平越高则代际流动性越高；Iyigun（1999）发现在公共教育体制下，如果用于教育的资源大到足以抵消受教育父母所带来的优势，那么代际流动性会正向地依赖于收入水平。在本书的模型中，不存在技术进步，但个体是异质性的，教育成本各不相同，因此代际流动性独立于收入水平和经济增长率。

代际流动性长期值的上升对应着 ϕ_j 的减小，这同时削弱了不平等程度的短期值和长期值。相对于稳态时各种简单的对应关系，代际流动性短期值变化的原因和后果远比此复杂。人力资本的演变过程还会受到参数变化的影响，因为 p^2、α 和 β 的变化很有可能使 σ_∞^2 发生改变，并且使不平等程度收敛路径发生改变。从公式（5-24）可知，代际流动性的长期值并不会受到方差 p^2 的影响。然而，p^2 的突然性上升会在模型达到新稳态过程中对代际流动性产生影响吗？

为了回答这个问题，假设在 $t=0$ 时社会处于稳态，然后 p^2 突然性（没有被预期到）地上升到$\tilde{p}^2$。依据公式（5-22），$\tilde{\sigma}_{t+1}^2=\phi_j^2\tilde{\sigma}_t^2+\tilde{p}^2$，并且$\tilde{\sigma}_0^2=\sigma_0^2$。作为差分公式，该式的后向解为$\tilde{\sigma}_t^2=\phi_j^{2t}\sigma_0^2+[(1-\phi_j^{2t})/(1-\phi_j^2)]\tilde{p}^2=[\phi_j^{2t}p^2+(1-\phi_j^{2t})\tilde{p}^2]/(1-\phi_j^2)$，再将此后向解作一阶差分可得$\tilde{\sigma}_{t+1}^2-\tilde{\sigma}_t^2=(\tilde{p}^2-p^2)\phi_j^{2t}>0$，这说明$\tilde{\sigma}_t^2$会单调递增，并且$\lim\limits_{t\to\infty}(\tilde{\sigma}_{t+1}^2-\tilde{\sigma}_t^2)=0$，即$\tilde{\sigma}_t^2$会收敛到新的稳态值，如图 5-6 所示①。再来分析代际流动性，由公式(5-25)可知，$\tilde{M}_{t+1}=1-[1+\tilde{p}^2/(\phi_j^2\tilde{\sigma}_t^2)]^{-1/2}$，因此 $\tilde{\psi}_{t+1}$随着$\tilde{\sigma}_t^2$的增加而递减。由于$\tilde{\sigma}_t^2$是收敛的，显然$\tilde{M}_{t+1}$也会

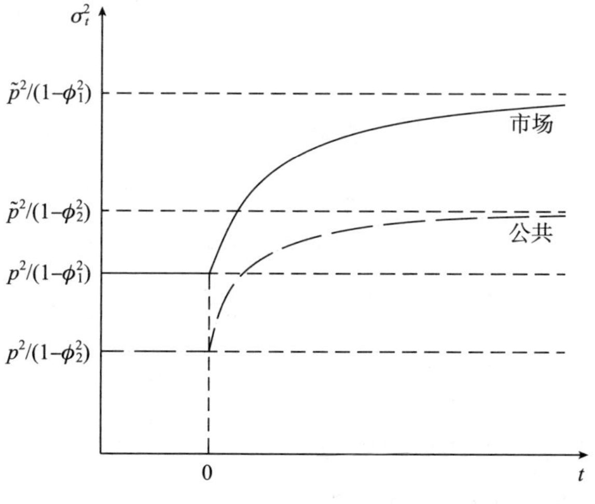

图 5-6　s^2 的上升对不平等程度的影响

① 市场教育体制下不平等程度长期值的上升幅度为$(\tilde{p}^2-p^2)/(1-\phi_1^2)$，而公共教育体制下不平等程度长期值的上升幅度为$(\tilde{p}^2-p^2)/(1-\phi_2^2)$，显然$(\tilde{p}^2-p^2)/(1-\phi_1^2)>(\tilde{p}^2-p^2)/(1-\phi_2^2)$。

逐渐收敛到稳态值。当 $t=0$ 时，$\widetilde{M}_t=1-[1+\widetilde{p}^2/(\phi_j^2\ \widetilde{\sigma}_0^2)]^{-1/2}$，所以 $\widetilde{M}_1-M_0=[1+p^2/(\phi_j^2\ \sigma_0^2)]^{-1/2}-[1+\widetilde{p}^2/(\phi_j^2\ \widetilde{\sigma}_0^2)]^{-1/2}>0$，这说明代际流动性会在冲击来临时跃升，如图 5－7 所示①。前文已经证明代际流动性的长期值仅依赖于 ϕ_j 的取值，因此此时代际流动性的长期值并没有发生变化。

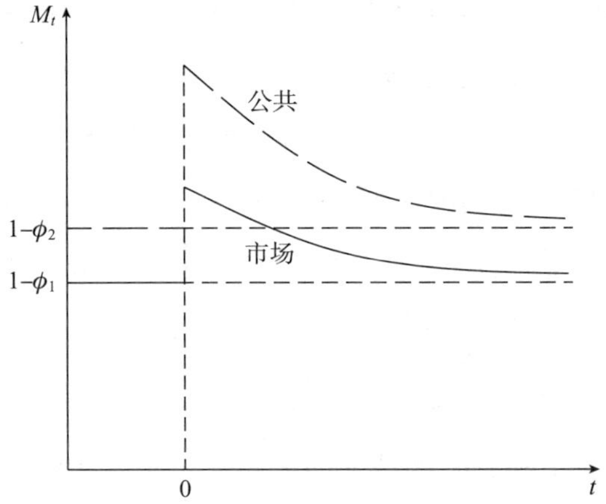

图 5－7　s^2 的上升对代际流动性的影响

ϕ_j 的永久性上升会对代际流动性和不平等程度带来怎样的影响呢？假设当 $t=0$ 时社会处于稳态，然后 ϕ_j 突然性地上升到 $\widetilde{\phi}_j$。依据公式（5－22），$\widetilde{\sigma}_{t+1}^2=\widetilde{\phi}_j^2\ \widetilde{\sigma}_t^2+p^2$，并且满足$\widetilde{\sigma}_0^2=\sigma_0^2$。该差分方程的后向解为 $\widetilde{\sigma}_t^2=\widetilde{\phi}_j^{2t}\sigma_0^2+[(1-\widetilde{\phi}_j^{2t})/(1-\widetilde{\phi}_j^2)]p^2=\widetilde{\phi}_j^{2t}p^2/(1-\phi_j^2)+[(1-\widetilde{\phi}_j^{2t})/(1-\widetilde{\phi}_j^2)]p^2$，再将此后向解进行一阶差分可得 $\widetilde{\sigma}_{t+1}^2-\widetilde{\sigma}_t^2=p^2\widetilde{\phi}_j^{2t}(\widetilde{\phi}_j^2-\phi_j^2)/(1-\phi_j^2)>0$，这说明 $\widetilde{\sigma}_t^2$ 会单调递增，并且 $\lim_{t\to\infty}(\widetilde{\sigma}_{t+1}^2-\widetilde{\sigma}_t^2)=0$，即 $\widetilde{\sigma}_t^2$ 会收敛到新的稳态值。由公式(5－23)可知，ϕ_j 的升高会使不平等程度的长期值增大。再来分析代际流动性，由公式(5－25)可知，$\widetilde{M}_{t+1}=1-[1+p^2/(\widetilde{\phi}_j^2\ \widetilde{\sigma}_t^2)]^{-1/2}$，因此 $\widetilde{M}_{t+1}$随着 $\widetilde{\sigma}_t^2$ 的递增而递减。当 $t=0$ 时，$\widetilde{M}_1=1-$

① 可以证明 $\alpha(\widetilde{M}_1-M_0)/\alpha\phi_j<0$，因此市场教育体制下代际流动性短期值的跃升幅度要小于公共教育体制下代际流动性短期值的跃升幅度。

$[1+p^2/(\tilde{\phi}_j^2\ \sigma_0^2)]^{-1/2}$，所以 $\tilde{M}_1 - M_0 = [1+p^2/(\phi_j^2\ \sigma_0^2)]^{-1/2} - [1+p^2/(\tilde{\phi}_j^2\sigma_0^2)]^{-1/2} < 0$，这说明代际流动性会在冲击来临时发生突降。由于 $\tilde{\phi}_j > \phi_j$，所以 $\tilde{M}_\infty = 1-\tilde{\phi}_j < M_\infty = 1-\phi_j$，即代际流动性新的稳态值会变小。

假设社会的初始体制为公共教育支出体制，并且处于稳态。如果政府当局采取激进式的改革，将纯公共教育体制变为纯市场教育体制，那么这种变革对不平等程度和代际流动性的影响与 ϕ_j 的突然性上升所带来的影响非常的类似，因为这相当于使用 $\phi_1=\alpha+\beta$ 替换 $\phi_2=\beta$。假设教育体制改革发生在 $t=0$，而社会在 $t=t^*$ 时达到新的稳态，那么它对不平等程度的影响如图 5－8 所示，对代际流动性的影响如图 5－9 所示。可以发现：如果将纯公共教育体制改革成纯市场教育体制，无论在短期还是在长期，都会增加不平等程度并减小代际流动性。

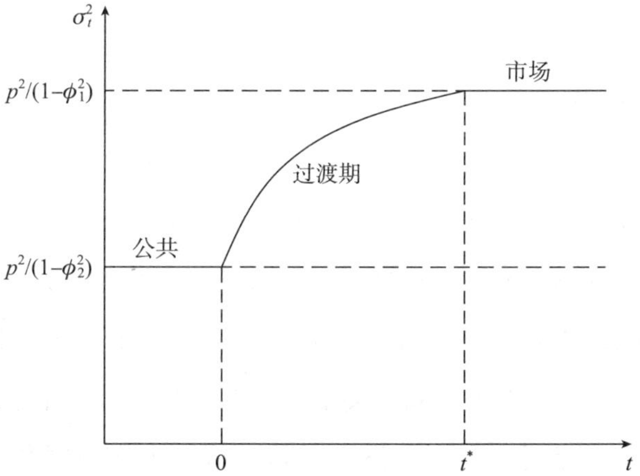

图 5－8　教育体制改革对不平等程度的影响

尽管 p^2 的上升和 ϕ_j 的上升对不平等程度的影响大致相同，但是它们对代际流动性的影响却有很大的区别。p^2 的上升对代际流动性的长期值并没有影响，但 ϕ_j 的上升却能够使代际流动性的长期值减小。p^2 的上升会使代际流动性的短期值急剧上升，但是 ϕ_j 的上升会使代际流动性在短期内锐减。这种特征能够使我们在经验研究中区分代际流动性和不平等程度的变化到底是由哪种因素引起的。

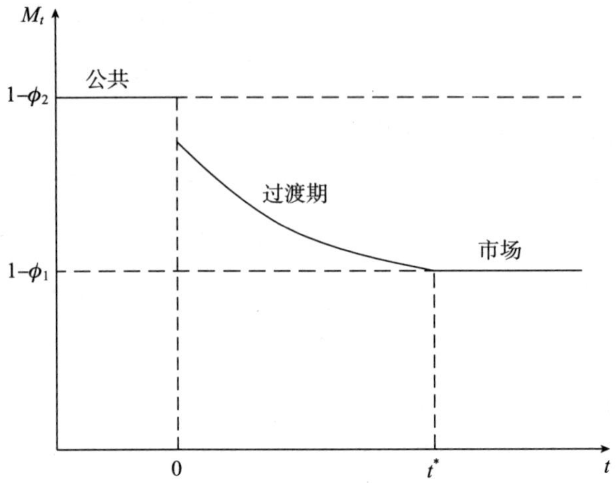

图 5－9　教育体制改革对代际流动性的影响

如果代际流动性短期内急剧上升，那么不平等程度的上升有可能是由个体异质性冲击引起的；如果代际流动性降低，不平等程度的上升就有可能是因为父母对子女投入的重要性变大造成的。

如前所述，改革开放以来中国的事实似乎与大多数研究结论所认为的“代际流动性越高则不平等程度越低”相矛盾。本书认为，之所以会出现这种背离，是因为“代际流动性越高则不平等程度越低”这一结论本身指的是经济体处在稳态时代际流动性与不平等程度之间的关系，然而中国作为世界上最大和发展最为迅速的国家，显然不能用“稳态”这一严苛的假设去作研究和分析。本章基于转移动态的分析能很好地解释这种背离，在区分了代际流动性的长期值和短期值，并引入人力资本积累过程中的不确定性之后，我们发现，在短期，当人力资本积累的不确定性急剧上升时，就会出现不平等程度短期值和代际流动性短期值同时上升这一现象。虽然不确定性因素对个人平均人力资本积累不会产生很大影响，但却给整个社会带来了潜在危害。提高医疗水平、减少犯罪率、提供助学贷款、关爱留守儿童等措施都会减少人力资本积累过程中的不确定性。

中国的教育支出体制改革一直是社会大众关注的热点，近年公共教育经费也得到了快速增加。教育经费一直是困扰我国教育发展的一个重要瓶颈，1993 年我国就制定了到20世纪末国家财政性教育经费支出占GDP比重达到4%的目标，但由于种种原因，直到2012年我国才首次实现这一目标。经过持续努力，2014年全国公共财政教育支出占公共财政支出的比例达到14.87%，国家财政性教育经费占国内生产总值比例达到4.15%，但如果按财政性预算内教育经费计算，依然处于世界平均水平以下。虽然近年来政府大力普及了基本公共教育，全面实现了城乡九年制义务教育，但还有相当多游离在基本公共教育体系外的教育机构得不到足够的经费，这会成为阻碍社会流动的重要因素。高等院校虽然拥有了越来越多的自主权利，并且朝着市场教育体制的步伐在院校内部引入了竞争机制，然而高等院校由政府集中管理、统一拨款的本质并没有改变。职业教育和私人教育的发展为社会注入了更多的市场教育体制元素，但毕竟还没有走上主体地位。尤其是中西部欠发达地区的大多数中职、高职学校，目前生均办学经费还远远低于OECD国家平均水平，如何进行教育融资将是未来发展道路上的巨大挑战。在中国的特殊国情下，究竟公共教育支出体制与市场教育支出体制各占多大“份额”才是社会最优解，仍然是一个值得我们继续深入探讨的问题。

（四）结论与启示

本部分先分析了我国教育体制改革的现状和代际流动性研究的进展，然后构建了一个代际交叠模型比较分析了公共教育支出体制和市场教育支出体制两种极端模式下的代际流动性。该模型引入了子代人力资本形成中的不确定性，并重点区分了代际流动性的短期值和长期值。依据此模型本书追踪了代际流动性和不平等程度的整个演化路径，结果显示教育支出体制会改变代际流动性的长期值和不平等程度的长期值。在不同的教育支出体制下，代际流动性和不平等程度具有不同演化路径，对各种冲击的反应也有所不同。具体来说，得到了以下结论：

（1）如果确定初始不平等程度，在转移动态及稳态时，公共教育体制下不平等程度的短期值与长期值总是较市场教育体制下低。并且，对于任何一代人，公共教育体制下的代际流动性总是高于市场教育体制下的代际流动性。

（2）如果将纯公共教育体制改革成纯市场教育体制，无论在短期还是在长期，都增加不平等程度，而代际流动性则会在突降后再逐渐收敛到新的更低的稳态值。即在公共教育体制下不会出现所谓的“了不起的盖茨比曲线”，而在市场教育体制下不平等和代际收入流动性则会呈现“了不起的盖茨比曲线”形状。

（3）人力资本积累不确定性和“市场教育体制份额”对不平等程度的影响相似，两者的上升都会使不平等程度的短期值和长期值增加。区别在于：人力资本积累不确定性的上升仅仅会使代际流动性的短期值上升，对代际流动性的长期值并没有影响，而“市场教育体制份额”的上升却会使代际流动性的短期值和长期值都减小了。

教育体制改革和人力资本积累不确定性的变化对代际流动性和不平等程度的长期影响不仅不同，还会产生特征迥异的转移动态，这为我们在经验研究中鉴别各种影响代际流动性的因素提供了便利。相对于传统的代际流动性模型而言，由于引入了人力资本形成中的不确定性，并区分了不平等程度和代际流动性的长短期值，使本章的模型具有一些独特的优势，但自身也有一定的局限，比如说没有考虑技术进步等因素的影响。技术进步有可能会增加人力资本投资的回报率从而增加代际流动性，教育体制的多样性也会反过来影响技术创新的速率。引入技术进步能使本章的模型进一步地贴近现实，因此后来者对其进行针对性的扩展也许更有利于对代际流动性的理解。

各国在教育体制上的选择往往不是纯粹的公共教育体制或者纯粹的市场教育体制，而是在这两者之间的某种组合。从教育资源的分配效率来看，市场教育体制比公共教育体制更加具有优势。但是在公共教育体制下，政府能够发挥自身的主导作用，促进教育资源的公平分配和利用。如何促进两种教育体制的有机融合，需要更广泛的探索和研究。

三、公共教育支出影响代际收入流动的动态一般均衡分析①

一些研究发现，受教育程度是可识别的代际收入传递路径中作用最重要的影响因素，从影响代际收入流动的路径来看，长期调整策略在于教育（孙三百等，2012；杨娟，2016）。通过公共教育支出可以改善落后地区教育资源，提高教育质量，以削弱父代收入不平等导致的子女受教育程度差别，从而缓解人力资本形成的差别，进而提高代际收入流动性。因此，在探寻公共教育支出对代际收入流动的影响机制时，关键一步是厘清教育在代际收入传递过程中的作用，这部分将构建一个包含人力资本配置和代际流动性的动态一般均衡模型，着重分析那些能够影响个体受教育决策的因素和约束条件。模型的转移动态分析将会揭示收入不平等程度、产出和代际流动性三者之间的内在相关性。

（一）引言

代际流动性研究对于理解经济增长机制大有益处。尽管研究者们在最近几年就人力资本配置对经济增长的影响进行了大量的研究，却极少关注代际流动性在人力资本配置与经济增长之间扮演的角色。然而在现实生活中，代际流动性往往与个体能力和人力资本配置密切相关，充当着社会经济发展的润滑剂，毫无疑问其对经济增长具有重要影响。

收入不平等是代际流动的重要内在驱动力，两者之间可能潜在相关。Hassler等（2007）的实证研究既观测到了两者之间的正相关性，也观测到了两者之间的负相关性。Becker 和 Tomes（1986）以及 Loury（1981）在“不完善资本市场”

① 徐俊武，黄珊．代际流动性、教育成本与收入不平等——基于动态一般均衡模型的分析［J］．学习与实践，2015（8）．

的假设条件下研究了代际流动性与不平等程度的动态演化，然而在他们建立的微观模型中，代际演变过程是“孤立”的并且代际流动性并不影响教育净收益，因此并不能完全解释处在不同发展阶段的经济体代际流动性不同的原因。近期一些关于收入分布的研究为不平等程度与经济增长之间的正相关性作出了一些理论上的解释。在“不完善资本市场”的假设条件之下，Galor 和 Zeira（1993）、Aghion 和 Bolton（1999）及 Banerjee 和 Newman（2001）等分别建立了一些模型，他们发现流动性约束使私人投资决策严重依赖于家庭财富，因此可以认为经济增长的确与家庭财富的分布有关。Owen 和 Weil（1998）详细分析了模型在稳态时各变量之间的关系，发现如果产出水平越高，则收入不平等程度越低、代际流动性越高、教育的分布更加有效率。这些结果与本书模型的预测结果比较相近，然而他们仅仅分析了模型在稳态时的情形，而本书则分析了整个经济增长路径上收入不平等程度、代际流动性和教育成本的动态变化。

最近几年，国内一些关于代际流动性的实证研究也将子代和父代受教育程度这个重要变量纳入计量模型（郭丛斌，2009；刘志国、范亚静，2013；邸玉娜，2014），但对于教育与代际收入流动之间的动态联系以及教育成本在个体决策中的作用却鲜有充分论述。另一些研究者注意到了代际收入流动与不平等之间的相互关系，他们从多种视觉构建了相应的计量模型（方鸣，2010；韩军辉，2011），但都没有基于一般均衡理论来阐述两者之间的作用机制，从而使计量模型的基础留下了些许遗憾。因此，本书试图构建一个动态一般均衡模型阐述代际流动、教育成本与收入不平等之间的联系机制，努力为有关代际收入流动的计量模型构建和实证分析提供一些有意义的参考。

与此领域的大多数研究相同，本书也假设资本市场不完善，并且其不完善程度达到了极致，即市场上不存在借贷。即便如此，这种简化假设也不会影响本书的数量结果，后文详述。在此假设条件下建立一个代际交叠模型，在该模型中，个体的受教育决策取决于受教育个体与非受教育个体的工资差距、个体的先天禀赋以及流动性约束。本模型有助于深化对代际收入流动性实证研究结果的理解。实证研究中通常比较子代收入与父代收入来测量代际流动性，然而工资的代际变化不仅仅反映了代际流动性的变化，它还反映了经济体中工资均值和离散程度等宏观特征。本书不仅讨论了代际流动性的变化，还分析了工资这一时间序列变量的收敛性问题。同时，本模型也可以被应用到公共政策研究领域，比如教育补助以及税收再分配问题。大多数研究认为税收会给投资带来负面的影响，税收会抑制经济增长，但我们的模型得到了不同的结论。本部分余下作如下安排：第二部分介绍基准模型；第三部分分析模型的转移动态过程，并将基准模型扩展到含有公共政策的模型；第四部分是结论与启示。

（二）基准模型

假设在一个代际交叠模型中，经济活动都在离散的无限期的时间背景下开展。人口的增长率为0，即经济体中的个体数量恒定不变。每一期经济体都可以通过受教育工人和非受教育工人生产出一定数量的同质产品，这些产品既能用来消费，也能用于人力资本投资。个体依据自身的情况决定是否接受教育，因此每一期受教育工人的数量与非受教育工人的数量是由模型内生决定的。

1. 收入不平等

为了简化表现形式和便于下文的分析，本书假设经济体的生产活动可以由如下规模报酬不变函数表示①：

$$Y_t = A_t K_t^{\alpha} E_t^{\beta(1-\alpha)} U_t^{(1-\beta)(1-\alpha)} \tag{5-26}$$

在公式（5－26）中，下标 t 代表时间，α 和 β 均为非负参数并且满足 $0<\alpha<1$，$0<\beta<1$。Y_t 为时期 t 的总产出，E_t 为时期 t 受过教育的工人的数量，U_t 为时期 t 未受过教育的工人的数量，K_t 为物质资本，A_t 为社会的技术水平。假设经济体中每一期都存在数量相等的两代人，每一代人只存活两期，劳动力供给总量为 N 并且等于经济体中每一代人的人口数量，则每一期经济体中的人口总量为 $2N$。同时还假设每个工人无论是否接受过教育都只能提供1单位的劳动力，因此每一期受教育工人数量与非受教育工人数量满足关系式 $E_t+U_t=N$。假设市场是

① Owen（1998），可以证明该生产函数严格拟凹并且满足稻田条件。

完全竞争的，则每一种生产要素的回报率等于其边际生产率。因此，在时期 t 受教育工人的工资 w_t^e 和非受教育工人的工资 w_t^u 分别为：

$$w_t^e = \partial Y_t / \partial E_t = \beta(1-\alpha)Y_t/E_t \tag{5-27}$$

$$w_t^u = \partial Y_t / \partial U_t = (1-\beta)(1-\alpha)Y_t/U_t \tag{5-28}$$

对于在时期 t 参加工作的一代人，可以将其中受教育工人所占的比例 E_t/N 和非受教育工人所占的比例 U_t/N 分别作为工资 w_t^e 和 w_t^e 的权重，然后推算出经济体在时期 t 的平均工资为：

$$\overline{w}_t = (E_t w_t^e + U_t w_t^u)/N = (1-\alpha)Y_t/N \tag{5-29}$$

由公式（5－27）和公式（5－28）可知，当经济体中受教育工人的数量（E_t）增加时，受教育工人的工资会 w_t^e 下降，而非受教育工人的工资 w_t^u 会上升。显然受教育工人和非受教育工人之间存在工资收入差距，并且会随着时间的变化而变化。因此，一个比较便捷的方法就是通过衡量这两类人工资收入的比值 w_t^e/w_t^u 来测度工资收入的不平等程度：

$$w_t^e/w_t^u = \beta(N-E_t)/[(1-\beta)E_t] \tag{5-30}$$

观察公式（5－30）可知，并非每一个 E_t 的取值都会使受教育工人的工资高于非受教育工人的工资。当 $E_t = \beta N \equiv \hat{E}$ 时，$w_t^e = w_t^u$；当 $E_t < \hat{E}$ 时，$w_t^e > w_t^u$；$E_t > \hat{E}$ 时，$w_t^e < w_t^u$。在下文将要证明，在一些合理的假设条件下，模型的整个转移动态都满足 $E_t < \beta N$，从而有 $w_t^e > w_t^u$。在现实社会中，受教育工人的工资收入也往往比非受教育工人的工资收入要高。

2. 教育成本

假设每个个体生存两期，并且每个个体只有一个父代和一个子代。在第一期，个体由于年幼没有参加工作，只能通过父母的转移支付来支撑其消费和受教育经费。在第二期，个体成为成年人，参加工作并将其收入分成自身消费和对子女的转移支付两部分。对于出生于时期 t 的个体 i，其效用来源于第一期和第二期的消费以及对自己子女的转移支付，因此其效用函数可以表示为：

$$u_t^i = \ln c_t^i + \rho(\ln c_{t+1}^i + \varphi \ln x_{t+1}^i) \tag{5-31}$$

在公式（5－31）中，c_t^i 为个体 i 在时期 t 的消费，c_{t+1}^i 为个体 i 在时期 $t+1$

的消费，而 x_{t+1}^{i} 为个体 i 对出生于时期 $t+1$ 的子女的转移支付。ρ 为时间贴现率，$0<\rho<1$。φ 为父母自身消费与对子女转移支付的效用替代弹性，φ 的取值越高，说明父母越关爱自己的子女。

假设个体完全理性并且接受教育是有成本的，不同的个体拥有不同的先天禀赋会得到不同的转移支付，所以他们会依据自己的不同情况决定是否接受教育。定义 h_t^i 为个体 i 在时期 t 的教育成本，w_{t+1}^{i} 为个体 i 在时期 $t+1$ 的工资收入。假设经济体中的资本市场是极度不完善的，不存在借贷市场。同时假设经济体中的物质资本作为公共的生产资料，不参与个体的分配。如果个体 i 选择接受教育，那么他的预算约束为：

$$c_t^i + h_t^i = x_t^i,\ c_{t+1}^i + x_{t+1}^i = w_{t+1}^e \tag{5-32}$$

如果个体 i 拒绝接受教育，则其预算约束为：

$$c_t^i = x_t^i,\ c_{t+1}^i + x_{t+1}^i = w_{t+1}^u \tag{5-33}$$

在公式（5－33）中，上标 e 表示个体 i 在时期 t 接受了教育，上标 u 表示个体 i 在时期 t 没有接受教育。由于效用函数是“可分离”的，所以我们可以逆时间分两步最大化个体的效用。第一步，每个个体决定在自己生命的第二时期如何分配自己的工资收入；第二步，该个体决定在第一时期是否接受教育。第二时期的最大化问题可以表示如下：

$$\mathrm{Max}\ln c_{t+1}^i + \varphi \ln x_{t+1}^i$$

$$\mathrm{s.t.}\quad c_{t+1}^i + x_{t+1}^i = w_{t+1}^i,\ w_{t+1}^i \in \{w_{t+1}^e,\ w_{t+1}^u\}$$

其中，w_{t+1}^e 为受教育个体在时期 $t+1$ 的工资，w_{t+1}^u 为非受教育的个体在时期 $t+1$ 的工资。通过拉格朗日定理可以很容易得到上述问题的最优解为：

$$c_{t+1}^i = w_{t+1}^i/(1+\varphi),\ x_{t+1}^i = \varphi w_{t+1}^i/(1+\varphi) \tag{5-34}$$

从公式（5－34）可以看出，如果父母越关爱自己的子女，则对子女的转移支付越多，而自身的消费越少。将此最优解代入原效用函数可以得到间接效用函数为 $V(w_{t+1}^i) = \ln\dfrac{w_{t+1}^i}{1+\varphi} + \varphi\ln\dfrac{\varphi w_{t+1}^i}{1+\varphi}$。基于此最优解，利用与计算平均工资类似的方法，可以推算出在时期 t 父代对子代的平均转移支付为 $\bar{x} = (E_t x_t^e + U_t x_t^u)/N = \varphi(1-\alpha)Y_t/[(1+\varphi)N]$。只有当接受教育给个体带来的效用大于放弃接受教育给个体带来的效用时，个体才会选择接受教育，否则会放弃接受教育。因此个体选择接受教育必须满足的条件为：

$$\ln(x_t^i - h_t^i) + \rho V(w_{t+1}^e) \geqslant \ln(x_t^i) + \rho V(w_{t+1}^u) \tag{5-35}$$

将公式（5－35）写成更加简约的形式：$h_t^i \leqslant x_t^i[1-(w_{t+1}^u/w_{t+1}^e)^{\rho(1+\varphi)}]$。显然，当 $h_t^i > x_t^i[1-(w_{t+1}^u/w_{t+1}^e)^{\rho(1+\varphi)}]$时，个体的受教育成本大于受教育收益以至于个体拒绝接受教育。因此对于个体 i 来说，其受教育成本的临界值为$\hat{h}_t^i \equiv x_t^i[1-(w_{t+1}^u/w_{t+1}^e)^{\rho(1+\varphi)}]$。工资差距越大，则受教育成本的临界值越高，即个体对于受教育可接受的成本越高。除了工资的差距 w_{t+1}^e/w_{t+1}^u，个体得到的转移支付 x_t^i 对个体的受教育决策也很重要。如果个体的父母属于受教育工人，则其可以得到的转移支付 x_t^i 取值 $\varphi W_t^e/(1+\varphi)$；如果个体的父母属于非受教育工人，则其可以得到的转移支付 x_t^i 取值 $\varphi W_t^u/(1+\varphi)$。因此受教育工人的子女与非受教育工人的子女受教育成本的临界值分别为：

$$\hat{h}_t^e = \frac{\varphi W_t^e}{1+\varphi}\left[1-\left(\frac{W_{t+1}^u}{W_{t+1}^e}\right)^{\rho(1+\varphi)}\right] = \frac{\varphi W_t^e}{1+\varphi}\left\{1-\left[\frac{(1-\beta)E_{t+1}}{\beta(N-E_{t+1})}\right]^{\rho(1+\varphi)}\right\} \tag{5-36}$$

$$\hat{h}_t^u = \frac{\varphi W_t^u}{1+\varphi}\left[1-\left(\frac{W_{t+1}^u}{W_{t+1}^e}\right)^{\rho(1+\varphi)}\right] = \frac{\varphi W_t^u}{1+\varphi}\left\{1-\left[\frac{(1-\beta)E_{t+1}}{\beta(N-E_{t+1})}\right]^{\rho(1+\varphi)}\right\} \tag{5-37}$$

假设个体 i 为了接受教育，其在时期 t 所需要花费的成本为 $h_t^i = \theta^i c(\overline{w}_t)$。其中$\overline{w}_t$ 为经济体在时期 t 的平均工资，θ^i 为个体 i 的受教育成本参数，个体的先天禀赋越高，则 θ^i 越低。假设 θ^i 在区间$(\underline{\theta}, \overline{\theta})$满足平均分布，不随个体所处的时期变化，并且与父母受教育与否不相关。因此 h_t^i 在区间$(\underline{h}_t, \overline{h}_t)$也满足平均分布，其中$\underline{h}_t = \underline{\theta}c(\overline{w}_t)$，$\overline{h}_t = \overline{\theta}c(\overline{w}_t)$。在时期 t，平均工资$\overline{w}_t$ 对于所有的个体来说都是相同的，但每个个体的先天禀赋不尽相同。对于经济体中最“聪明”的个体，其对应的受教育成本参数为$\underline{\theta}$，受教育成本为$\underline{\theta}c(\overline{w}_t)$。由子女的预算约束公式(5－32)和公式(5－33)可知，在时期 t 经济体内子女的平均消费加上平均受教育成本等于平均转移支付，即$\overline{c}_t + \overline{h}_t = \overline{x}_t$。因此可推知最“聪明”个体的受教育成本小于经济体的平均转移支付，即$\underline{\theta}c(\overline{w}_t) < \varphi(1-\alpha)Y_t/[(1+\varphi)N]$，这一不等式

关系将在下文发挥作用①。

3. 代际流动

经济体每一期的总产出取决于受教育工人的数量，而受教育工人数量的动态变化与代际流动密切相关。代际流动可以分为向上的代际流动和向下的代际流动。本书中向上的代际流动指的是非受教育工人的子女选择接受了教育，而向下的代际流动指的是受教育工人的子女未接受教育。笔者将代际流动分成以下四种情况：仅有向下的代际流动、仅有向上的代际流动、同时有向上与向下的代际流动、既无向上也无向下的代际流动，分别用图 5－10 至图 5－13 示例如下：

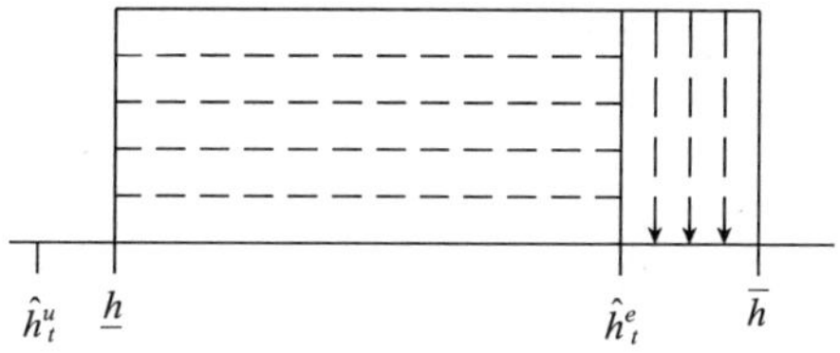

图 5－10　仅有向下的代际流动

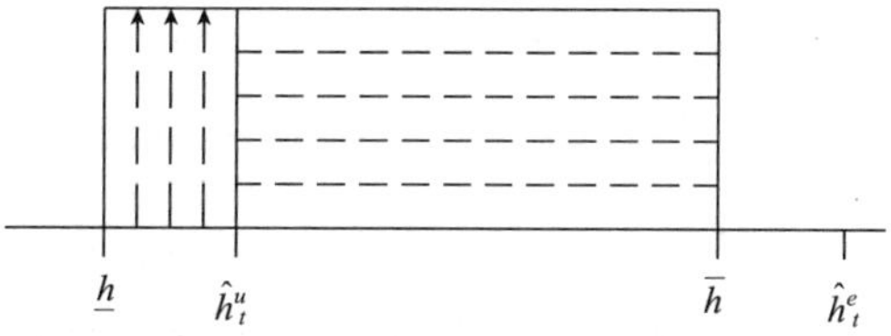

图 5－11　仅有向上的代际流动

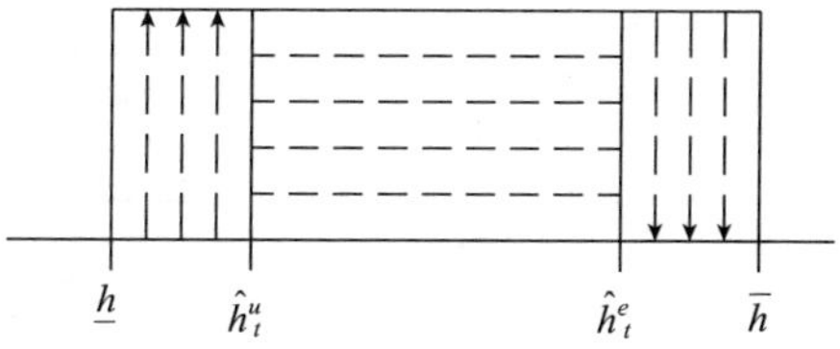

图 5－12　同时有向上与向下的代际流动

① 设想最“聪明”个体的受教育成本大于或等于经济体内的平均转移支付，那么这意味着平均受教育成本大于平均转移支付，因此平均消费必将为负值，这显然不成立。

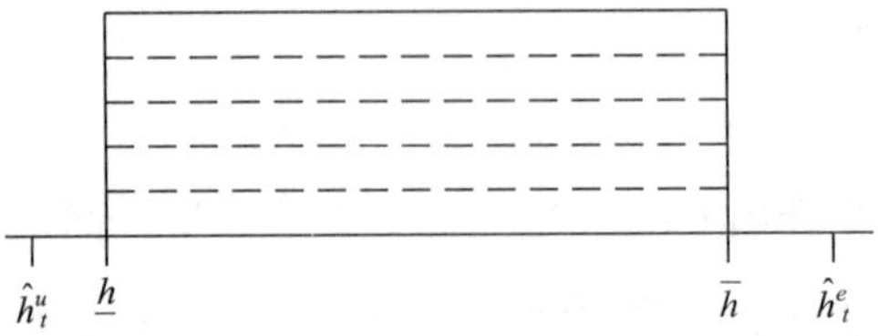

图 5－13　既无向上也无向下的代际流动

图 5－10 至图 5－13 显示了各种可能的代际流动情况①。其中图 5－13 较为特殊，在此种情况下，向上和向下的代际流动性均为 0，通常会在产出和 E_t 较小的情形下出现。当 E_t 足够小时，受教育工人的工资 w_t^e 会足够的大，此时即使受教育工人的子女非常“愚笨”，受教育成本很高，在高工资的刺激下他们也会选择接受教育。而非受教育工人的工资 w_t^u 此时会变得很小，其子女得到转移支付就不那么充足，即使这些穷人的孩子非常有天赋，也很难选择接受教育。因此在此种情况下，富人的孩子永远是富人，而穷人的孩子永远是穷人，所以又被称为“贫困性陷阱”。

衡量代际流动性的方法有很多种，比较常见的一种方法是转换矩阵法。定义 $F_t(h) \equiv (h-\underline{h}_t)/(\overline{h}_t-\underline{h}_t)$，则有 $F_t(\hat{h}_t^e)=(\hat{h}_t^e-\underline{h}_t)/(\overline{h}_t-\underline{h}_t)$，$F_t(\hat{h}_t^u)=(\hat{h}_t^u-\underline{h}_t)/(\overline{h}_t-\underline{h}_t)$。$F_t(\hat{h}_t^e)$ 表示从受教育工人群体的子女中随机抽取一个个体，该子女会接受教育的概率；$F_t(\hat{h}_t^u)$ 表示从非受教育工人群体的子女中随机抽取一个个体，该子女会接受教育的概率。因此经济体的转换矩阵如表 5－1 所示。

表 5－1　转换矩阵

		子代	
		非受教育	受教育
父代	非受教育	$1-F\ (\hat{h}_t^u)$	$F\ (\hat{h}_t^u)$
	受教育	$1-F\ (\hat{h}_t^e)$	$F\ (\hat{h}_t^e)$

① 其中横虚线表示受教育决策保持不变的群体，纵虚线和向上的箭头表示向上流动的群体，纵虚线和向下的箭头表示向下流动的群体。

一般情况下，经济体中既会存在向上的代际流动又会存在向下的代际流动。依据转换矩阵我们可以分别求得向上流动的人数和向下流动的人数分别为 $U_tF(\hat{h}_t^u)$ 和 $E_t[1-F(\hat{h}_t^e)]$。如果向上流动的个体数超过了向下流动的个体数，则 E_t 会增加，因此 E_t 的动态过程为 $E_{t+1}=U_tF_t(\hat{h}_t^u)+E_tF_t(\hat{h}_t^e)$。将 $\bar{h}_t=\bar{\theta}c(\bar{w}_t)$，$\underline{h}_t=\bar{\theta}c(\bar{w}_t)$，$\bar{w}_t=(E_tw_t^e+U_tw_t^u)/N=(1-\alpha)Y_t/N$ 代入此式可得：

$$E_{t+1}=\frac{(1-\alpha)Y_t}{(\bar{\theta}-\underline{\theta})c(\bar{w}_t)}\frac{\varphi}{1+\varphi}\left\{1-\left[\frac{(1-\beta)E_{t+1}}{\beta(N-E_{t+1})}\right]^{\rho(1+\varphi)}\right\}-\frac{N\underline{\theta}}{\bar{\theta}-\underline{\theta}} \tag{5-38}$$

由公式（5－38）我们可以推知 $0<E_{t+1}<\hat{E}$。第一，E_{t+1}代表的是受教育工人的数量，不可能为负值。第二，如果 $E_{t+1}\geqslant\hat{E}$，则公式(5－38)左边为正值，右边为负值，显然 $E_{t+1}\geqslant\hat{E}$不成立。第三，E_{t+1}也不可能取值0，因为上文已经证明，最"聪明"个体的受教育成本小于经济体的平均转移支付$\underline{\theta}c(\bar{w}_t)<\varphi(1-\alpha)Y_t/[(1+\varphi)N]$，在此条件下，如果 $E_{t+1}=0$，则公式(5－38)左边等于0，而右边严格大于0。综上可知，在模型的转移动态以及稳态中，始终满足 $E_t\in(0,\beta N)$。

进一步地，由 $E_t\in(0,\beta N)$我们可以知道，在模型的转移动态中，始终满足 $w_t^e>w_t^u$，$\hat{h}_t^e>\hat{h}_t^u>0$。同时还可以推导出$\hat{h}_t^u<\bar{h}_t$，这是因为如果$\hat{h}_t^u\geqslant\bar{h}_t$，那么$\hat{h}_t^e\geqslant\bar{h}_t$，前者意味着所有非受教育工人的子女都将选择接受教育，后者意味着所有受教育工人的子女都将选择继续接受教育，因此 $E_{t+1}=N$，这与之前的推论 $E_t\in(0,\beta N)$矛盾。类似地，我们可以推导出$\hat{h}_t^e>\bar{h}_t$，这是因为如果$\hat{h}_t^e\leqslant\underline{h}_t$，那么$\hat{h}_t^u<\bar{h}_t$，前者意味着所有受教育工人的子女都将放弃接受教育，后者意味着所有非受教育工人的子女都将继续放弃接受教育，因此 $E_{t+1}=0$，这与之前的推论 $E_t\in(0,\beta N)$矛盾。

（三）转移动态分析

为了便于下文的分析，定义 $f(E_{t+1})\equiv1-\{(1-\beta)E_{t+1}/[\beta(N-E_{t+1})]\}^{\rho(1+\varphi)}$。在区间$(0,\beta N)$上，$f(E_{t+1})$恒为正，且为 E_{t+1}的单调减函数，所

以$f'(E_{t+1})<0$。由于个体的先天禀赋θ在区间$(\bar{\theta},\ \underline{\theta})$满足平均分布，所以对于每一代人来说，其先天禀赋的平均值为$(\bar{\theta},\ \underline{\theta})/2$，则这一代人受教育成本占收入的平均比重为$s(Y_t)\equiv(\bar{\theta},\ \underline{\theta})c(\bar{w}_t)N/[2(1-\alpha)Y_t]$。基于以上这些条件，可以将公式（5－38）写成更加简约的形式：

$$E_{t+1}=\frac{\varphi N}{2(1+\varphi)}\frac{f(E_{t+1})}{s(Y_t)}-\frac{N\underline{\theta}}{\bar{\theta},\ \underline{\theta}} \tag{5-39}$$

1. 教育成本

尽管教育成本自身会随着E_t和Y_t的增加而增加，但是教育成本占收入的比例$s(Y_t)$却既有可能增加也有可能减小，这取决于教育成本公式$c(Y_t)$的具体形式。$s(Y_t)$的变化特征会对个体的行为产生重要的影响，同时还会决定工资收入、代际流动性、不平等程度以及教育净收益的收敛过程。公式（5－39）的全微分公式为：

$$\left[1-\frac{\varphi Nf'(E_{t+1})}{2(1+\varphi)s(Y_t)}\right]\mathrm{d}E_{t+1}=-\frac{\varphi Nf(E_{t+1})}{2(1+\varphi)s(Y_t)^2}s'(Y_t)\left[\frac{\partial Y_t}{\partial E_t}\mathrm{d}E_t+\frac{\partial Y_t}{\partial K_t}\mathrm{d}K_t+\frac{\partial Y_t}{\partial A}\mathrm{d}A\right] \tag{5-40}$$

由于$f'(E_{t+1})<0$，所以$1-\varphi Nf'(E_{t+1})/[2(1+\varphi)s(Y_t)]>0$。因此，$\mathrm{d}E_{t+1}/\mathrm{d}E_t$与$s'(Y_t)$具有相反的符号，用sign函数表示为$\mathrm{sign}[\mathrm{d}E_{t+1}/\mathrm{d}E_t]=\mathrm{sign}[s'(Y_t)]$。如果教育成本占收入的比重随着收入的增加而降低，即$s'(Y_t)\leqslant 0$，则$(E_t,\ E_{t+1})$图将拥有正的斜率。假设E_t的初始值为E_0，$E_0\in(0,\ \beta N)$，E的稳态值为E^*，$E^*\in(0,\ \beta N)$。E_t将自动收敛到稳态，模型的转移动态如图5－14所示[①]。由生产函数可知，总产出Y_t是E_t的单调增函数，即无论$c(Y_t)$采取何种函数形式，Y_t只会随着E_t的增加而增加。由公式(5－40)可知，工资差距w_t^e/w_t^u是E_t的单调减函数，即无论$c(Y_t)$采取何种函数形式，工资差距w_t^e/w_t^u只会随着E_t的增加而减小，也随着Y_t的增加而减小。观察图5－14可以知道，在E_t收敛到稳态的过程中，E_t单调递增，所以总产出Y_t单调递增，不平等程度w_t^e/w_t^u单调

① 图5－14至图5－17均为在MATLAB图形基础上绘制的示意图，参数参照关于中国的实证研究结果而设定。

递减，这三者在稳态时都保持恒定不变。

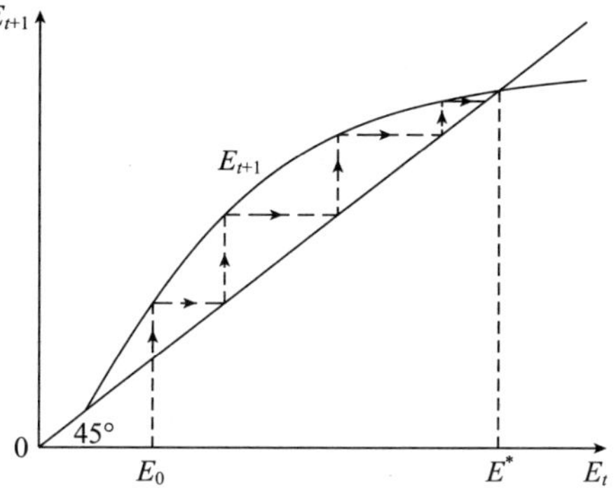

图 5－14　转移动态［s'（Y_t）<0］

对于个体 i 来说，教育的净收益等于工资差距扣除受教育成本后所剩下的部分：$R_t^i \equiv w_t^e - w_t^u - h_t^i$。其中（$w_t^e - w_t^u$）是工资差距的另一种测度方法，可以证明，（$w_t^e - w_t^u$）也是 E_t 的单调减函数，所以也是 Y_t 的单调减函数。而 h_t^i 为 Y_t 的单调增函数（θ^i 对于个体 i 来说为取正值的常数），所以教育的净收益 R_t^i 为 Y_t 的单调减函数。即模型在到达稳态的过程中，教育的净收益会一直减小直至不变。也就是说，教育的净收益不会出现波动，这也促成了收入和不平等在经济体中的单调收敛性。

在模型到达稳态的过程中，各临界值也会发生动态的变化，图 5－15 展示了它们变化的情况。从图中可知，模型的转移动态可以分成三个阶段。第一阶段完全不存在代际流动，受教育个体的子女永远会接受教育，非受教育个体的子女永远拒绝接受教育。第二阶段仅存在向上的代际流动，受教育个体的子女永远会接受教育，非受教育个体的子女一部分选择接受教育，另一部分继续拒绝接受教育。第三阶段既存在向上的代际流动也存在向下的代际流动。

由于在模型的整个转移动态中都有$\hat{h}_t^e > \hat{h}_t^u > 0$，所以 $F_t(\hat{h}_t^e) > F_t(\hat{h}_t^u)$，这表明在时期 t，从受教育群体中随机抽取一个个体其子代接受教育的概率要大于从非受教育群体中随机抽取一个个体其子代接受教育的概率。也就是说，受教育个

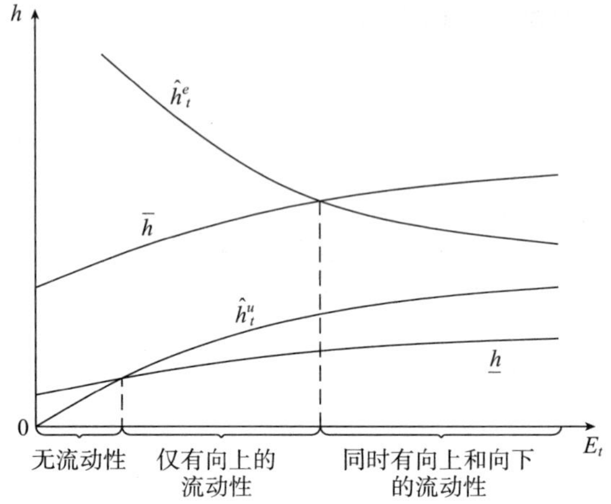

图 5－15　临界值的变化

体的子女相对来说更有可能接受教育而非受教育个体的子女相对来说更有可能拒绝接受教育，即子代与父代的受教育类型存在正相关性。

由于流动性约束的存在，个体的受教育决策不完全取决于个体的能力。比如说，个体 1 出生于受教育家庭，个体 2 出生于非受教育家庭，假设他们的受教育成本分别为 h^1 和 h^2。在同一时期 t，这两个个体面对的是同样的平均工资，假设个体 2 比个体 1 更加“聪慧”使得$\hat{h}_t^u < h^2 < h^1 < \hat{h}_t^e$。然而个体 2 依然会拒绝接受教育，个体 1 会选择接受教育，即使个体 1 的受教育成本高于个体 2。

如果教育成本占收入的比重随着收入的增加而增加，即 $s'(Y_t) > 0$，则（E_t，E_{t+1}）图将拥有负的斜率。此时 E_t 也将自动收敛到稳态，只是其轨迹呈蛛网形状，如图 5－16 所示。总产出、代际流动性和不平等程度将呈现周期性的变动。比如在某一期不平等程度增加，那么在下一期它将减少，然而不平等程度最终会达到稳态值恒定不变。当收入遭到某一冲击剧烈增加时，工资差距会随着收入的增加而迅速缩减，同时伴随着受教育成本的剧增。这会导致教育的净收益严重缩水以致下一期受教育工人数量的减少。受教育工人数量的减少意味着总体收入的减少和收入差距的回升。这反过来增加了教育的净收益，使得在接下来的时期受教育工人数量增加，伴随着收入的增加和收入差距的减小。因此，教育的净收益会随着时间波动，同时也解释了产出、代际流动性和不平等程度的周期性波动。

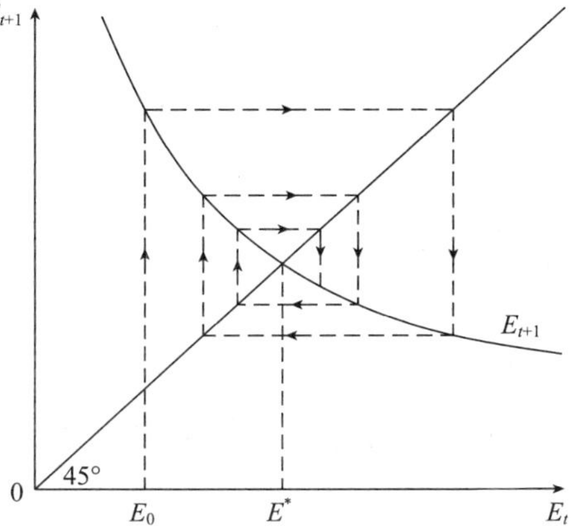

图 5－16　转移动态［$s'(Y_t)>0$］

2. 代际流动性

在本模型中，经济增长会使个体的受教育动机和流动性约束发生变化，从而间接影响代际流动性。随着产出的增加，收入差距的减小会促进向下的代际流动性、抑制向上的代际流动性。此外，产出的增加会使受教育工人收入减少、非受教育工人收入增加，使得受教育工人受到的流动性约束增强，而非受教育工人受到的流动性约束减弱。流动性约束的这种变化同时有利于向上的代际流动性和向下的代际流动性。根据 Solon（2004）模型以及 Becker 和 Tomes（1986）模型，可以使用代际回归方程的方法来测度代际流动性：

$$w_t^i = \eta + \lambda w_{t-1}^i + \varepsilon^i \quad (5-41)$$

将子代的收入对父代的收入做回归，得到的系数估计值 λ 即可用来衡量代际传递性的大小，而 $1-\lambda$ 则可以用来衡量代际流动性的大小。对于时间序列数据 w_t^i，当 $\lambda<1$，w_t^i 是平稳的，并将收敛到稳态值；当 $\lambda\geqslant1$，w_t^i 是发散的。与 Solon 方法的不同之处在于，本模型假设 λ 随着时间变化，而不是恒定不变的。由公式（5－41）可知，受教育个体与非受教育个体的工资收入期望值分别为 $E(w_t^i|e)=\eta_t+\lambda_t w_{t-1}^e$ 和 $E(w_t^i|u)=\eta_t+\lambda_t w_{t-1}^u$。其中 $E(w_t^i|j)$，$j=e, u$，是个体 i 在其父母

受教育类型给定的条件下其工资收入的期望值。将这两式相减可以求得时期 t 的代际流动性为 $\lambda_t = [E(w_t^i \mid e) - E(w_t^i \mid u)]/(w_{t-1}^e - w_{t-1}^u)$。依据前文的转换矩阵，$E(w_t^i \mid e)$ 和 $E(w_t^i \mid u)$ 分别为 $E(w_t^i \mid e) = F(\hat{h}_{t-1}^e) w_t^e + [1 - F(\hat{h}_{t-1}^e)] w_t^u$ 和 $E(w_t^i \mid u) = F(\hat{h}_{t-1}^u) w_t^e + [1 - F(\hat{h}_{t-1}^u)] w_t^u$。因此，经济体在时期 t 的代际流动性可以写为：

$$\lambda_t = \frac{(w_t^e - w_t^u)[1 - (w_t^u / w_t^e)]}{2(\bar{h}_{t-1} - \underline{h}_{t-1})} \tag{5-42}$$

从公式（5－42）可见，λ_t 随着收入差距的减小而减小，也就是说，在到达稳态的过程中，E_t 不断增加，工资收入差距不断减小，代际流动性 $1 - \lambda_t$ 不断增大。

3. 税收

税收降低了普通个体接受教育的门槛，但与此同时也减弱了个体的受教育动机。特别地，税收政策提高了非受教育工人的可支配收入，增加了他们对子代的转移支付，因此使其子代因为流动性约束而不能接受教育的可能性大大减小。此外，税收政策减小了受教育工人与非受教育工人之间的收入差距，也就减弱了个体选择接受教育和进行人力资本投资的倾向。对于发展中国家来说，通常产出较低而收入差距较大，因此由收入差距引起的受教育动机也较大，但是由于流动性约束使得向上的代际流动性较低，往往成为了阻碍经济发展的重大障碍。因此，在发展中国家实施税收政策（收入再分配）往往有利于经济的发展。对于发达国家来说，人均收入水平一般较高，个体受到流动性约束而无法选择接受教育的可能性比发展中国家小，因此税收政策大大减弱了个体的受教育倾向，其负作用超过了流动性约束改善带来的正面作用。因此，在发达国家实施严苛的税收政策往往不利于个体的代际流动。

这一问题可以在本书的模型框架下得到解释。假设在每一期每一位受教育工人都被平等地征税，而政府当局的税收所得又被平等地分配到每一位非受教育工人手中。那么在经过税收政策之后，受教育工人与非受教育工人的实际收入分别为 $\tilde{w}_t^e = (1 - \tau)\ w_t^e$ 和 $\tilde{w}_t^u = w_t^u + E_t \tau w_t^e / U_t$，其中税率 $\tau \in (0, 1)$。在税收再分配政策下个体的受教育决策依然依据公式（5－35）不变，只不过其中的 w_{t+1}^{e} 和 w_{t+1}^{u} 应该分别用 $\widetilde{w}_{t+1}^{e}$ 和 $\widetilde{w}_{t+1}^{u}$ 代替。因此受教育成本临界值 $\hat{h}_t^e$ 和 $\hat{h}_t^u$ 也会对应地有所改变。E_t 的动态方程也会相应地做出调整。

图 5－17 展示了不同税率下模型的转移动态。从图中可知，稳态时 E^* 的大小与税率负相关。在经济发展的初期阶段，税收政策提升了经济增长率，并且还有可能把经济体从贫困陷阱中解救出来使其重新回到增长路径上。从图中还可以知道，对于不同时期的 E，都会有一个对应的税率使其取得最大值，即不同时期的最优税率不同。最优的税收政策应该在经济发展初始阶段设定较高税率，随后逐步降低，从而使每一期的受教育人数 E 都能够达到最大化。

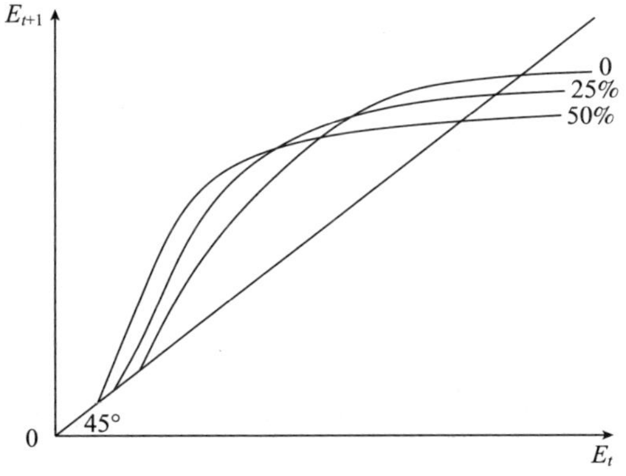

图 5－17　不同税率下的转移动态

（四）结论与启示

这一部分构建了一个包含人力资本配置和代际流动性的动态一般均衡模型，着重分析了那些能够影响个体受教育决策的因素和约束条件。模型的转移动态分析揭示了收入不平等程度、产出和代际流动性三者之间存在内在的相关性。本书与 Solon（2004）及其他许多研究方法的不同之处在于：本模型假设代际弹性不是恒定不变的，而是随着时间变化而变化。在到达稳态的过程中，若受教育人数不断增加，工资收入不平等程度会不断被缩小，代际流动性会不断增大。具体来说，得到了以下结论：

（1）如果教育成本占收入的比重是收入的减函数，受教育人数将自动收敛到稳态。无论教育成本函数取何种形式，总产出都会随着受教育人数的增加而增加，工资收入不平等程度会随着受教育人数的增加而减小，亦即随着总产出的增加而减小。

（2）如果教育成本占收入的比重是收入的增函数，受教育人数也将自动收敛到达稳态，其轨迹呈蛛网形状，不平等程度最终会达到稳态值而恒定不变。总产出、代际流动性和不平等程度将呈现周期性变动。

（3）在整个转移动态中，子代与父代的受教育类型存在正相关性。

（4）稳态时受教育人数的数量与税率负相关，但在经济发展的不同时期有不同的最优税率。最优的税收政策应该在经济发展初始阶段设定较高税率，随后逐步降低，从而使每一期的受教育人数都能够达到最大化。

上述结论既能为代际流动性的相关实证研究提供一些启示，同时也蕴含一定的政策含义。首先，教育成本公式的具体形式对模型的转移动态具有重要影响。受教育成本占收入的比重随收入递增还是递减会直接导致模型收敛过程的不同，而代际流动性和收入不平等程度严重依赖于教育成本公式，所以实证研究在设定教育成本函数时须格外谨慎。其次，还发现教育具有相当强的传递性，因此在实证研究代际流动性时必须纳入子代受教育环境及父代受教育程度的影响，设定计量模型时应充分考虑这些因素。最后，为使受教育人数达到最大，不同经济发展阶段的国家应采取不同的税率，所以不考虑经济发展阶段去比较不同国家的税率政策意义不大。

这里我们假设资本市场极度不完善，不同个体之间不存在借贷约束。在这种极端的情形下，经济增长的路径是唯一的，这一特性使得我们能够对模型进行比较静态分析。但这种极端假设并不影响本书的结论：第一，即使存在借贷，但是个体的受教育决策依然取决于其父母对其转移支付的大小；第二，受教育父母的子女所得的转移支付一般也要大于非受教育父母的子女所得的转移支付，因为除非受教育能够增加财富，否则受教育父母当初不会选择接受教育。

四、小结

本章先用一个简单模型说明了公共教育支出影响代际收入流动性的基本原理：低收入家庭的父代在对子代进行人力资本投资时可能会遭遇到信贷约束，而公共教育支出是缓解这一约束的核心公共产品。从逻辑上证明了政府的公共教育支出为什么会削弱家庭财富对子代的影响，从而提高代际流动性。

公共教育支出有效影响代际收入流动性必须依赖于公共教育体制与劳动市场的有效性这两个前提，因为不同教育体制下人力资本投资以及劳动市场有效性对代际收入流动性有重要影响。于是，本章接下来考察了不同教育支出体制对代际收入流动的影响，顺便解答了在中国“了不起的盖茨比曲线”是否存在。从教育支出体制视角出发，构建一个代际交叠模型分析和比较公共与市场（私人）两种教育支出体制下的代际流动性，依据此模型追踪了代际流动性和不平等程度的整个演化路径。我们发现，如果初始不平等程度给定，在转移动态及稳态时，公共教育体制下不平等程度的短期值与长期值总是较市场教育体制下低。对于任何一代人，公共教育体制下的代际流动性总是高于市场教育体制下的代际流动性。在这种情形下，公共教育体制下不会出现所谓的“了不起的盖茨比曲线”，而在市场教育体制下不平等和代际收入流动性则会呈现“了不起的盖茨比曲线”形状。

从影响代际收入流动的路径来看，长期调整策略在于教育。通过公共教育支出可以改善落后地区教育资源，提高教育质量，以削弱父代收入不平等导致的子女受教育程度差别，从而缓解人力资本形成的差别，进而可以提高代际收入流动性。这部分的最后我们构建了一个包含人力资本配置和代际流动性的动态一般均衡模型，着重分析那些能够影响个体受教育决策的因素和约束条件。模型的转移动态分析揭示了不同的教育成本函数使不平等程度结合代际流动性呈现不同的变化过程，并且在整个转移动态中子代与父代的受教育类型存在正相关性。这也从理论上解释了为什么受教育程度是可识别的代际收入传递路径中作用最重要的影响因素，为什么提高公共教育支出可以缓解代际固化。

第六章　公共教育支出对居民代际收入流动性的影响

——经验分析

一、公共教育支出对代际收入流动性影响的多重门槛回归分析[①]

这一部分将从公共教育支出视角出发，依据代际收入流动理论，采用中国健康与营养调查数据（China Health and Nutrition Survey，CHNS），并运用多重门槛模型对中国公共教育支出影响居民代际收入流动的程度进行了经验分析。经验分析将会发现：第一，我国代际收入流动性较低，各地区公共教育支出水平会影响代际收入流动性的大小，加入公共教育支出变量后，代际收入弹性为0.548，公共教育支出对子代收入的弹性为0.154；第二，随着政府教育支出水平的提高，公共教育支出水平越高（生均教育经费高于1161.73元）的地区代际收入流动性的增加越显著；第三，各地区公共教育支出对代际收入流动性的影响程度并不随地区经济发展水平不同而不同。因此，无论经济发达地区还是落后地区，政府对公共教育的投入都需要有一定耐心，只有持续提高公共教育支出水平才能阻止或缓解“二代”现象，增强整个社会的阶层流动性。

---

① 本部分主要内容来自于阶段性成果，见徐俊武，易祥瑞．增加公共教育支出能够缓解“二代”现象吗？——基于CHNS的代际收入流动性分析［J］．财经研究，2014（11）．

（一）引言

进入21世纪以来，虽然不断面临各种危机和挑战，但中国政府在推进经济改革方面依然取得了巨大成就。国民经济保持着较高的增速，经济总量跃居世界第二，同时城乡居民收入也保持了较快的增长速度。然而，伴随着经济高速增长，近些年出现了一些让人不安的现象和趋势，成为中国经济未来进一步发展的隐忧。这其中的一个突出问题在于持续多年的城乡差距、地区差距以及行业差距没有明显呈现出缩小的趋势。正是因为中国领导人清醒地认识到了这一问题的严重性，在2013年11月的中共十八届三中全会上明确提出，要规范收入分配秩序，完善我国收入分配调控机制以及政策体系，保护合法收入，调节过高收入，清理规范隐性收入，取缔非法收入，增加低收入者收入，扩大中等收入者比重，努力缩小城乡、区域、行业收入分配差距，逐步形成橄榄形分配格局。

教育一直被认为是居民收入代际传递的主要工具，其投入是父代对子代进行人力资本投资的有效途径。公共教育支出作为对儿童进行人力资本投资的有效补充形式，在中国一直具有重要地位。作为一个转型国家，在很长一段时间内，公共教育支出是中国家庭父代对子代进行教育投入的主要来源。正是改革开放初期政府持续的大规模公共教育支出，才实现了一代代青年“寒门出贵子”“鲤鱼跃龙门”的梦想。因此，在很大程度上可以说公共教育支出才是增加代际收入流动性、阻止“二代”现象蔓延的首要因素。那么，具体到现阶段的中国，究竟是否存在“二代”现象？如果存在，其特征是怎样的？与公共教育支出的关系如何？为了解答上述疑问，我们需要研究如下问题：子代的收入水平在多大程度上受到父代的收入、社会地位等的影响？公共教育支出在多大程度上影响这种代际收入流动性？公共教育支出与代际收入流动之间的关系呈现何种特征？本书的研究重点正在于此。对这些问题的解答将有助于理解公共教育支出影响代际收入流动的机制与程度，有助于建设一个更具活力的市场经济体系，同时也为未来财政改革寻找方向。本部分接下来作如下安排：第二部分为理论模型；第三部分为计量模型与数据说明；第四部分是计量分析；第五部分是结论与展望部分。

（二）文献综述

自 Becker 和 Tomes（1979）开创了关于收入分配与代际流动性的研究以来，教育支出在代际收入流动中的作用受到了越来越广泛的重视，取得了丰富的研究成果。最初，Becker 和 Tomes（1979）以家庭为研究对象，认为来自于父母的人力资本和非人力资本投资都会增加子代的收入。同时，由基因决定的种族、能力和其他特征、家庭的社会地位和社会关系以及由家庭环境提供的知识、技能也会对子代的收入造成影响。后来，Solon 等（1992）在进行代际弹性分析中首次提出政府在教育和卫生方面的公共支出对代际收入弹性会产生反向影响，这对此后的研究有重要的意义。Solon（2004）进一步将家庭私人投资和政府公共投资纳入代际收入模型，显示政府公共投资对子女收入以及代际收入流动具有重要影响，但未应用于实证分析。在 Solon（1992，2002，2004，2006）一系列研究的基础上，更多经济学家展开了教育支出对代际收入流动影响的研究。Mohamed（2007）发现将公共教育支出从初等教育转移到高等教育降低了代际收入流动性，Mayer 和 Lopoob（2008）的计量结果显示针对低收入家庭的教育支出的确增加了它们的未来收入，公共教育支出高的国家比低的国家有更强的代际收入流动性，Tamotsu 和 Murayamab（2011）修正了 Maoz 和 Moav（1999）的模型，发现收入不平等和代际收入流动性的动态特征主要取决于教育成本函数。从国外研究来看，将教育支出纳入代际收入模型已是一般趋势，但其影响程度则取决于不同地区以及不同的估计方法。此外，其研究主要针对发达国家，对发展中国家的代际收入流动问题关注较少。

由于数据获得以及其他研究条件的制约，国内对收入代际流动的研究起步较晚，正方兴未艾，目前研究的内容主要集中于中国代际收入弹性的估算与传导机制。基于不同的微观数据来源，包括中国健康与营养调查、中国综合社会调查以及中国居民收入调查数据库，王海港（2005）、姚先国和赵丽秋（2006）、方鸣和应瑞瑶（2010）、齐豪（2010）等先后估算出中国的父子间代际收入弹性应该至少在0.5以上。就代际收入的传导机制而言，韩军辉（2010）分析了中国农村公共支出与代际收入流动的关系；方鸣和应瑞瑶（2010）发现中国居民父代与子代之间具有明显的职业代际传导效应；都阳和John Giles（2006）的研究结果表明，贫困家庭对其后代的收入影响不仅体现在就业机会和收入水平上，而且还体现在父母对子女的人力资本投资的差异方面；何晓琦和邓晓岚（2006）、郭丛敏和闵维方（2007）、陈琳和袁志刚（2012）从不同角度都确认了教育在促进代际收入流动中的重要作用。有关公共支出与代际收入流动的经验研究并不多见，具有代表性的经验研究来自于周波和苏佳（2012），他们运用半参数可变系数部分线性模型估计了政府财政支出对代际收入流动的影响，发现中国县级的教育事业费支出增加会降低代际收入弹性，从而有助于实现社会机会均等，但文教科学卫生支出以及全口径的财政支出对代际收入流动性的影响较小。上述研究或直接测度中国居民间的代际收入弹性，或从多途径分析中国代际收入流动的机制，基本确认了中国存在较低的代际收入流动性，并且教育对代际收入流动性有重要影响。然而，令人遗憾的是，有关中国公共教育支出对代际收入流动性影响的经验研究依然较少，这一影响程度是否显著依然众说纷纭，估计方法也远非完善。同时，对公共教育支出影响代际收入流动的机制缺乏足够分析。

本章试图尽力弥补上述缺憾。先从理论上刻画公共教育支出影响代际收入流动性的作用机制，然后选取合理的计量模型，测度其影响程度，最后解答我们之前的疑问。文章拟在从以下两个方面做出努力：第一，基于Mayer和Lopoo（2008）模型，我们求出教育支出的最优水平解，以观察政府教育支出对代际收入的影响机制；第二，采用多重门槛模型Hansen（1999），用公共教育经费支出作为门槛变量，按照其大小对样本进行分组，以验证不同公共教育支出水平下的代际收入流动性是否存在显著性差异，避免了由父代收入与交互项高度相关所导致的估计误差。

（三）基本模型及数据说明

如前所述，大多数代际收入流动性研究根据公式（6－1）来估测父代的经济地位（Y_p）与子代成年后的经济地位（Y_c）之间的关系。

$$\ln Y_c = \alpha + \beta \ln Y_p + \varepsilon_c \qquad (6-1)$$

如果 Y 代表收入，那么 β 是子代的收入对父代收入的反应弹性，而 $1-\beta$ 则作为代际收入弹性的测量。当 $\beta=0$，即代际收入流动性为1，那么父母的收入或者说是经济地位对子代没有任何关系，因此子代的成功完全取决于个人的能力和努力。当 $\beta=1$，即代际收入流动性为0，那么子代在工作以后所能获得的收入完全取决于父母的经济地位，生活在这样的社会中，差距将会一直延续下去。一般来说，$0<\beta<1$，即代际收入流动性在0～1，子代的收入既不是完全由父代的经济地位决定，也不是与父代的经济状况没有任何联系。

20世纪60年代，美国经济学家舒尔茨和贝克尔开创性的人力资本理论为公式（6－1）提供了理论上的依据。他们认为人力资本主要体现在对生产者所进行的教育、职业培训的支出以及为了接受教育等所产生的机会成本，子代在未来的经济地位不仅取决于他们自己的禀赋还取决于父母在其身上所进行的货币投资。禀赋特征包括IQ、种族和其他由生物和基因决定的因素，而货币投资是指父母在子女身上所进行的帮助子女成功的货物或者服务，包括营养物品、教育以及医疗卫生等。如果两个孩子具有相同的禀赋，而其中一个父母对其所进行的货币投资更多，那么可以预期他的未来收入极有可能会更多。一般意义上来讲，富裕的家庭会将更多的货币投向他们的后代，而贫困的家庭由于本身就难以维持生计，从而会减少对子代的投资。这样从整个社会平均的角度来看，富裕家庭后代的未来收入将要大于贫困家庭后代的未来收入。理论上来讲，任何能够缩小富裕家庭和贫困家庭对子代的货币投资的差距的因素都有利于减小子代收入对父代收入的弹性，从而增加代际收入流动性，即减小父母的收入对子女收入的相关性，从而促进社会公平。如果对子代的货币投资都是一样的，那么可以猜测父代的收入与子代的收入之间可能存在的正相关关系将完全是由于生物或者基因所造成的禀赋在代际之间的遗传。因此，经济学家通常把代际收入弹性作为机会均等的测量方法。

根据第四章的分析，在不加入其他变量的情况下，正如公式（6－1），我们可以估计中国居民的代际收入流动性。而这一部分的目的在于探讨政府公共教育支出对代际收入流动性的影响，因此在实证模型中加入政府公共教育支出变量，根据前期研究使用政府教育支出来衡量其公共教育支出规模。

标准的代际收入流动性模型中，我们习惯把父母的收入作为父母对子女投资的替代变量，虽然有着相同收入的父母对子女的投资总量可能不同。此外，那些对其子女投资量相同的父母会根据他们的偏好和他们孩子的需求选择不同的商品进行支出。如果子女体弱多病，那么他们很可能选择更多的医疗支出，如果居住于一个生活成本更低的地方其支出也会更低。因此，给定相同的收入，一些父母可能会为他们孩子的消费支出更多，而另一些可能会为他们孩子的教育和医疗支出更多。虽然所有的研究者都了解这些，但是大部分研究代际收入流动性的研究都忽略这些，本书也作此处理。

根据我们理论描述，该模型意味着孩子们的收入与父母收入弹性在公共教育支出较高的地区较低，同样也表明低收入家庭的孩子受益于政府公共教育支出超过高收入家庭的孩子，下面来证实这些假说。

为了估计政府公共教育支出对我国居民代际收入流动性的影响，建立下面的公式：

$$\ln Y_{ct} = \beta_0 + \beta_1 \ln Y_{pt} + \beta_2 \ln E_t + \beta_3 (\ln Y_{pt} \times \ln E_t) + \varepsilon_{ct} \qquad (6-2)$$

在公式（6－2）中，下标 c 代表孩子一代，下标 p 代表孩子父母一代，下标 t 代表孩子出生的时期，Y 是收入，G 是公共教育支出。在这个模型中，我们认为政府的支出和父母的收入都会对子女的收入产生影响。如果政府将其支出放在更高回报的服务项目上（例如健康和教育），而父母把其收入中的更多部分放在消费的商品和服务上，那么政府支出的回报将会大于父母支出的回报。但是，父母可以比政府做出更有利于他们子女的投资，所以与父母的投资相比，政府的投资可能没有较强的针对性。对于具有相同禀赋的两个不同家庭的孩子，其中一个父代比较富裕，而另一个父代比较贫穷，如果政府教育支出促进了来自于低收入家庭的孩子的人力资本投资，而使得低收入家庭的孩子未来收入增加，这意味着子代的收入与父代的收入之间的相关性将减小，即随着政府教育支出的增加，代际流动性增加，那么 β_3 将为负。

为了估测公共教育支出是否会增加代际收入流动性，需要获得成年个体的收入数据以及他们的家庭数据，包括他们父母的收入等数据，同时也需要获得政府进行的公共教育投资的数据。出于数据的可得性考虑，本书选取来自于“中国健康与营养调查”1989 年、1991 年、1993 年、1997 年、2000 年、2004 年、2006 年、2009 年共八次的调查数据。这项社会调查是由北卡罗来纳大学人口研究中心（The Carolina Population Center at the University of North Carolina at Chapel Hill）、美国国家营养安全与食物安全研究所（The National Institude of Nutrition and Food Safety）以及中国疾病与预防控制中心（The Chinese Center for Disease Control and Prevention）合作进行的项目。该调查采用多阶段整群抽样的方法，样本涉及辽宁、江苏、黑龙江、山东、湖南、湖北、河南、贵州和广西 9 个省（自治区）、54 个县市大约 4400 户居民，经过长期的跟踪调查，调查的内容涉及住户、健康、营养、儿童、成人以及社区等，这为本书的研究提供了数据支持，特此鸣谢。

由于测量代际收入弹性跨度的时间较长，需要获得两代人的收入数据，因此本书选取的是有工作、具有收入来源的成年男性受访者作为样本。此外，在考虑代际收入弹性时只考虑父子之间的收入流动，而没有考虑母子之间的代际收入流动性，虽然母亲的收入对后代子女的收入影响也较大。可以预期到，在父亲收入相同条件下，收入更高的母亲对自己子女的投资会更大，但在以往的研究中大多做忽略处理，为了增加与其他研究的可比性这里也做类似的处理。同时，本书使用的是父代和子代的实际平均收入作为子代永久性收入的衡量，即使用物价指数对收入进行处理后获得的同一样本不同年度的收入数据加总求平均的方法。这是根据米尔顿·弗里德曼（M. Friedman）的永久收入理论和弗朗科·莫迪丽安尼

(F. Modigliani) 的生命周期理论，他们都认为个人的收入有一个增加的过程，一般男性在30~50岁达到收入的巅峰并保持下去，到退休后收入会下降，因此以平均收入来衡量居民的永久收入可以避免使用当期的收入数据可能造成的低估长期收入差距，导致结果偏差。同时本书也剔除已经处于退休的老年人，因为他们的收入不是由于现有的劳动所获得的，从而没有可比性，因此不包含年龄超过65岁的样本。

对于公共教育支出，我们选取生均教育经费作为衡量指标。生均教育经费是用当地的教育经费支出除以在校学生的数量处理，由于不同教育层次的生均教育经费不同，一般来讲高等教育生均教育经费要大于中学教育生均教育经费，而中学生均教育经费又要比小学生均教育经费更大，在处理的过程中如果视作同一水平处理会存在很大的误差。本书采用的是平均每年的生均教育经费支出作为公共教育支出的替代变量，即根据居民受教育的年限以及各年的不同教育层次生均教育经费支出水平加总获得政府对该居民的总投资再除以其教育年限。由于中国的情况较为特殊，高等教育也作为公共物品，因此在本书中也考虑到了政府对高等教育的支出。数据来源于各年度《辽宁统计年鉴》《黑龙江统计年鉴》《江苏统计年鉴》《山东统计年鉴》《湖南统计年鉴》《湖北统计年鉴》《河南统计年鉴》《贵州统计年鉴》《广西统计年鉴》以及各年度的《教育统计年鉴》和《中国教育经费统计年鉴》等，通过直接或间接处理获得。对于其中缺失的经费数据本文假设国家按照同一增长比例在不同省份中进行教育经费分配，对于缺失的在校学生数据，本书假设各个年度的不同教育层次的学生数量的比例大致一样，补齐缺失的数据。

表6-1中可以看出子代的平均年龄是26.63岁，而父代的平均年龄为54.51岁。子代的平均收入为735.05元，而父代的平均收入为817.91元，较子代更大，这与上面的分析吻合，即由于工资会随着年龄的增加而增长。子代的平均年龄为26岁，这个时候正是子代收入不断上升的阶段，而父代的收入在此时已经达到了稳定值，处于较高水平。生均教育支出为424.14元，其最高的生均教育经费支出是最低地区的8.54倍，这说明不同地区的教育经费支出差距较大。

表 6－1　样本描述性特征值

	子辈		父辈				教育经费支出（元）
	平均收入（元）	年龄（岁）	教育年限（年）	平均收入（元）	年龄（岁）	教育年限（年）	
样本量	1704	4279	4279	1820	4279	4279	4279
标准差	854.82	9.00	2.71	2290.57	8.76	3.96	264.07
最大值	13314.81	46	18	88012.52	65	18	216.28
均值	735.05	26.63	10.14	817.91	54.51	7.493807	424.14
最小值	30.68	16	0	5.87	38	0	1847.5

注：教育经费支出为生均支出，收入值是居民的月工资收入的均值，这些数据都以 2000 年为基准使用物价进行处理。教育年限最高为 18 是考虑到我国的实际情况，以大学六年或者更高为 18 年。

（四）计量分析

1. 基本模型检验

表 6－2 表示了使用全样本数据对三个模型 OLS 估计的结果。第一个模型是子代收入对数值对父代收入对数值的估计结果，报告在第二列，其系数估计结果在 1% 的水平下显著，代际收入弹性为 0.527，这个值与早期其他研究人员估计的 0.5 以上的结果相吻合。这个结果表明我国的代际收入弹性较大，超过已知的大多数国家。模型 2 在模型 1 的基础上加入公共教育支出变量，得到模型 2 估计结果在第 3 列，在 1% 的显著性水平下，系数都显著，代际收入弹性为 0.511，而子代的收入对公共教育支出的弹性为 0.125，均为正值，说明父代收入增加或者是公共教育支出增加都会使得子代的收入增加。但是两者增加的程度不一样，父母的收入增加对子代收入增加的效果更大。笔者推测，这主要是因为与政府相比，父母更知道他们的孩子需要什么，因此对他们的投资要比政府对儿童同样的投资产生更高的效率。模型 6－3 是在模型 6－2 的基础上加入了父代收入与公共教育支出的交互项，估计的结果显示在第 4 列。从估计的结果来看，该变量的加入使得父代收入的系数以及公共教育支出的系数在 5% 的水平下都不显著，而且

还明显地改变了这两个变量系数的符号，交互项本身在10%的水平下也不显著，这说明该变量的加入已经影响到模型设立的正确性。主要原因可能在于交互项与父代收入高度相关，产生了多重共线性问题。通过相关性检验，发现这两者之间确实存在高度相关性，其相关系数为0.825，在1%的水平下应该认为两者之间存在相关性。

表6-2 基于全样本的OLS回归结果

变量	模型1	模型2	模型3
lnYp	0.527*** (0.0269)	0.511*** (0.0273)	-0.176 (0.316)
lnG		0.125*** (0.0393)	-0.591* (0.330)
lnYp×lnG			0.115** (0.0524)
常数项	2.854*** (0.167)	2.187*** (0.267)	6.478*** (1.983)
样本量	1052	1052	1052
R^2	0.267	0.274	0.277

注：***表示 $p<0.01$，**表示 $p<0.05$，*表示 $p<0.1$，括号中的数值为标准误。

为了更加准确地衡量父代的收入对子代收入的影响，需要剔除由于基因或者生物上的遗传关系对子代收入造成的影响，因此有必要在模型中加入一些其他的变量，在控制这些因素的情况下，单纯考察父代投资对子代收入造成的影响。这些因素包括种族、父代的教育等因素。考虑数据的可得性，我们也沿用Mayer（2008）用父代的受教育程度来表示其生物或者遗传因素对子代收入造成的影响。这是因为，在正常的情况下，基因优良的居民有能力通过考试而受到较高的教育水平。此外，根据上面的分析，子代的收入还要受到年龄等因素的影响，因此我们在模型中加入子代的年龄及子代年龄的平方项，估计的结果在表6-3中列出。通过表6-3中的结果我们发现：在控制其他因素不变的情况下，模型1估计出的代际收入弹性为0.559，在1%的水平下系数显著。在模型1中加入教育支出变量得到模型2，估计的代际收入弹性为0.548，而政府教育支出对子代收入的弹性为0.154，在统计上显著，这同样与上面的结论一致。在模型2中加入教育支出与父代收入的交互项得到模型3，同样发现父代收入对子代收入的系数不显著，且系数变为负，因此我们可以有理由认为是交互项与主要因素存在高度相关造成的。通过模型的估计我们发现，子代的收入确实受到他们的年龄的影响，而且这种关系是非线性的，即子代收入会随着年龄的变化先增加而后会下降，这与我们前面的理论分析一致。父代的受教育程度对子代收入的影响为正，这说明具有较高的受教育程度父代能够将其优良基因遗传给后代，从而使得子代的禀赋增加，未来收入更高。

表6-3　控制因素后的OLS估计结果

变量	模型1	模型2	模型3
lnYp	0.559***	0.548***	-0.228
	(0.0273)	(0.0273)	(0.310)
lnG		0.154***	-0.655**
		(0.0407)	(0.324)
lnGlnYp			0.129**
			(0.0514)
年龄	0.0657***	0.0575***	0.0553***
	(0.0181)	(0.0181)	(0.0181)
年龄平方	-0.000781***	-0.000667**	-0.000625**
	(0.000276)	(0.000276)	(0.000276)
父亲教育年限	0.0129**	0.0193***	0.0191***
	(0.00509)	(0.00534)	(0.00532)
常数项	1.558***	0.880**	5.747***
	(0.331)	(0.375)	(1.972)
样本量	1052	1052	1052
R^2	0.300	0.309	0.313

注：***表示 $p<0.01$，**表示 $p<0.05$，*表示 $p<0.1$，括号中为标准误。

2. 多重门槛模型检验

因为父代的收入与交互项高度相关，因此通过上面的估计并不能准确地得到政府教育支出对代际收入流动性的影响。因此，有必要按照公共教育经费支出的大小对样本进行分组，以验证不同公共教育支出水平下代际收入流动性是否存在显著性差异。本书采用多重门槛模型，对模型进行改进。

多重门槛模型是 Hansen（1999）提出的检验面板数据模型是否存在结构性变化的模型，其原理是对不同门槛值进行模型的估计，以得出残差平方和最小的那个模型即为最优的模型，这个时候的尝试值就是门槛值。本书双重门槛模型用公共教育经费支出作为门槛变量，假设存在两个门槛值，设定的门槛模型如下：

$$\ln Y_c = \alpha + \beta_1 \ln Y_p \times I(G < \gamma_1) + \beta_2 \ln Y_p \times I(\gamma_1 < G < \gamma_2) + \beta_3 \ln Y_p \times I(G > \gamma_2) + \varepsilon_c \qquad (6-3)$$

在公式（6－3）中，γ_1、γ_2 是两个门槛值，β_1、β_2、β_3 分别为公共教育支出水平较低、中等、较高的样本的代际收入流动性。通过 Stata 进行不断的模拟，最终得到了残差平方和最小时的两个门槛值分别为 513.0530 和 1161.7336，将两个门槛值代入模型中，得到的门槛模型如下：

$$\ln Y_c = \alpha + \beta_1 \ln Y_p \times I(G < 513.053) + \beta_2 \ln Y_p \times I(513.053 \leqslant G < 1161.7336) + \beta_3 \ln Y_p \times I(G > 1161.7336) + \varepsilon_c \qquad (6-4)$$

表 6－4 列出了上述模型（6－4）的估计结果，从表中可以看出教育支出较低的样本的代际收入弹性较大，为 0.538；而教育支出较高的样本的代际收入弹性最小，为 0.504；中等教育支出样本的代际收入弹性为 0.522，所有的代际收入弹性估计值均在 0.1% 的水平下显著。由此可以看出，不同的公共教育支出水平均会影响代际收入弹性的大小，较高的教育支出水平对应着较小的代际收入弹性，即较大的代际收入流动性。并且，不同的模型得到了相同的结果。

表 6－4　不同支出水平代际收入弹性 OLS 估计结果

变量	模型 1	模型 2	模型 3
低水平支出	0.538 ***	0.525 ***	－0.106
	(0.0293)	(0.0342)	(0.3382)
中等水平支出	0.522 ***	0.515 ***	－0.109
	(0.0275)	(0.0291)	(0.3339)
高水平支出	0.504 ***	0.505 ***	－0.114
	(0.0280)	(0.0280)	(0.3312)
固定效应	2.957 ***	2.611 ***	6.277 ***
	(0.171)	(0.4977)	(2.0167)
样本量	1025	1025	1025
R^2	0.270	0.271	0.273

注：*** 表示 $p<0.01$，** 表示 $p<0.05$，* 表示 $p<0.1$，括号内的数值为标准误；下同。

由于在模型的设定过程中我们假设存在两个门限值，但是这样的设定是否具有统计上的显著性还需要进行进一步的检验。本书通过构建 F 统计量来检验不同支出水平的代际收入流动性是否存在显著性差异，结果如表 6－5 所示。从表中可以看出高等支出水平与中等支出水平之间、高支出水平与低支出水平之间、低支出水平与中等支出水平之间的代际收入弹性都存在差异，而且所有的差异都为正。其中，低支出水平与中等支出水平之间的代际收入流动性相差 0.0165，但由 F 检验可知两者之间并不存在显著差异；中等支出水平与高支出水平之间的代际收入弹性差异为 0.0173，在 5% 的水平下显著。低支出水平比高支出水平的代际收入流动性大 0.0338，在 5% 的水平下显著。通过检验结果我们发现：随着政府教育支出水平的提高，代际收入弹性会下降，但是在支出水平较低时并不显著地下降，只有在支出水平较高时代际收入弹性才会显著下降，此时代际收入流动性显著增加，从而促进整个社会的公平。

表 6－5　不同支出水平代际收入流动性显著差异检验

	低支出与中等支出水平	中等支出与高支出水平	低支出与高支出水平
弹性差异	0.0165 (0.0142)	0.0173** (0.0074)	0.0338** (0.0137)
F－统计量	1.3373	5.5097	6.1092
P	0.2478	0.0191	0.0136

3. 稳健性检验

考虑到不同模型设定可能导致不同结论，同时考虑到我国不同地区经济发展程度的显著差异可能会对地区之间代际收入流动性产生影响，因此有必要加入地区经济发展变量来进一步考察上述估计结果。这里取 9 省的人均 GDP 水平作为控制变量，用来衡量不同地区经济发展程度。估计的结果如表 6－6 所示，可以看出在模型 6－1 和模型 6－2 中人均 GDP 的系数在 5% 的水平下均不显著。考虑到不同地区的经济发展水平后，各地区的代际收入弹性大小并不发生显著变化，回归结果同样支持之前的结论。模型中其他变量的估计值总体上与预期相符，仍然支持增加公共教育支出能够减小代际收入弹性（增加代际收入流动性）从而阻止“二代”现象的结论。同时，估计结果还显示这是一个全国普遍现象，地区间代际收入弹性并不因为经济发展水平不同而不同，上述估计结果具有稳健性。

表 6－6　加入人均 GDP 后的估计结果

变量	模型 1	模型 2	模型 3
低水平支出	0.542*** (0.0294)	0.516*** (0.0346)	－0.065 (0.3387)
中等水平支出	0.524*** (0.0276)	0.510*** (0.0292)	－0.065 (0.3347)
高水平支出	0.502*** (0.0280)	0.502*** (0.0280)	－0.068 (0.3320)

续表

变量	模型 1	模型 2	模型 3
人均 GDP	-0.072 (0.0533)	-0.110* (0.0592)	-0.101* (0.593)
常数项	2.933*** (0.1710)	2.158*** (0.2241)	5.573*** (2.0570)
样本量	1025	1025	1025
R^2	0.272	0.270	0.275

（五）结论与展望

本部分从经验上对我国公共教育支出影响居民代际收入流动的机制和特征进行了分析。我们使用我国各地区教育经费支出和生均教育经费数据以及“中国健康与营养调查”数据，发现了政府增加公共教育支出在减小父代经济地位对子代经济地位影响方面的重要性。本部分先用一个有交互项的模型来验证随着政府教育支出的增加代际收入流动性也增加，但是由于交互项与父代收入存在高度相关，这样结果受到了一定的限制。因此，接下来运用多重门槛模型，以公共教育支出作为门槛变量，求出门槛值对样本进行分组，构造双重门槛模型。模型估计结果表明公共教育支出水平较高的样本比公共教育支出水平较低的样本代际流动性更大，公共教育支出的增加确实提高了代际收入弹性，促进了社会公平，但是这种效果只有在较高的公共教育支出水平上才会显著体现。最后，考虑到地区经济差异，我们对之前的模型进行了稳健性检验，回归结果显示代际收入弹性没有明显变化，其他变量的估值总体上也与预期相符，验证了之前的结论。此外，基本模型的计量结果表明子代未来收入受到多种因素的影响，这其中不仅包括父代受教育年限，同时也包括子代自身的年龄等。简短总结，这一部分有以下三个发现：

第一，我国代际收入流动性较低，各地区公共教育支出水平会影响代际收入流动性的大小。基本模型估计出我国的代际收入弹性为 0.559，并且在 1% 的水平下系数显著。加入公共教育支出变量后，代际收入弹性为 0.548，公共教育支出对子代收入的弹性为 0.154，均在统计上显著。此外，父代受教育程度和子代年龄平方项都对子代收入有影响，影响系数分别为 -0.000625 和 0.0191。子代的收入随着年龄的变化先增加而后下降，较高受教育程度的父代会使子代未来收入更高。

第二，随着政府教育支出水平的提高，公共教育支出水平越高的地区代际收入流动性的增加越显著。当设定代表公共教育支出的生均教育经费的两个门槛值分别为 513.0530 元和 1161.7336 元时，公共教育支出水平较低（生均教育经费低于 513.0530）样本的代际收入弹性为 0.538，较高样本（生均教育经费高于 1161.7336）的代际收入弹性为 0.504，中等样本（生均教育经费为 513.0530 ~ 1161.7336 元）的代际收入弹性为 0.522，所有的代际收入弹性估计值在 1% 的水平下均显著。由此可见，较高的公共教育支出水平对应着较小的代际收入弹性，即较高的代际收入流动性。

第三，各地区公共教育支出对代际收入流动性的影响程度并不随地区经济发展水平不同而不同。考虑到不同地区的经济发展水平后对模型进行的稳健性检验表明，各地区的代际收入弹性大小并不发生显著变化，模型中其他变量的估计值总体上与预期相符，仍然支持增加公共教育支出能够减小代际收入弹性（增加代际收入流动性）从而阻止“二代”现象的结论。

这与前期一些研究者的结果类似（王海港，2005；姚先国、赵丽秋，2006；方鸣、应瑞瑶，2010；周波、苏佳，2012），说明我国父代收入对子代收入的影响确实较大，所谓的“二代”现象的确在一定程度上存在。中国网络上广为传播的所谓“拼爹”时代即将来临，显示了民众对“二代”现象越来越多的担忧。依据本部分的结论，公共教育支出在阻止“二代”现象方面具有重要作用，但需要在一个较高的水平上才能明显体现出来。这也提醒我们，当观察到公共教育支出对代际收入流动性影响不显著时，可能是受到了支出规模的影响。因此，无论是经济发达地区还是落后地区，政府对公共教育支出都需要有一定耐心，只有持续提高公共教育支出水平才能阻止或缓解“二代”现象，增强整个社会的阶层流动性。

二、子代受教育程度对代际收入流动性的影响[①]

教育一直被认为是居民收入代际传递的主要工具，其投入是父代对子代进行人力资本投资的有效途径。正如第五章第三节指出的，一些研究发现从影响代际收入流动的路径来看，缓解代际流动的长期调整策略在于教育（孙三百等，2012；杨娟，2016）。通过公共教育支出可以改善落后地区教育资源，提高教育质量，以削弱父代收入不平等导致的子女受教育程度差别，从而缓解人力资本形成的差别，进而提高代际收入流动性。因此，在探寻公共教育支出对代际收入流动的影响机制时，关键一步是厘清子代受教育程度在代际收入传递过程中的机制与作用。上一章我们已经从理论上阐述了子代受教育程度对代际收入流动的影响，这一部分运用中国家庭收入调查 2007 年城镇数据，在控制子代受教育程度变量后，观察代际收入弹性的变化方向和幅度。本部分采用 Solon（2004）基本线性模型，运用代际收入弹性系数分解法、中介变量法和分组讨论相结合的方法，研究了子代受教育程度如何影响代际收入流动性。在引入子代受教育年限变量后发现：一是代际收入弹性在 2007 年城镇样本中总体下降了 18%；二是初中、高中和大学组各组的代际收入弹性也分别有所下降；三是高中组代际收入流动性受子代受教育年限影响最小，大学组代际收入流动性受子代受教育年限影响最大。

（一）引言

改革开放以来我国经济迅速腾飞，在短短 30 多年的时间内完成了经济的大

---

① 本部分主要内容来自于阶段性成果，见徐俊武，张月．子代受教育程度是如何影响代际收入流动性的？——基于中国家庭收入调查的经验分析［J］．上海经济研究，2015（10）．

发展、大飞跃，但随之而来的贫富差距及收入分配不公的问题却越来越严重。收入分配不公的问题已日益成为阻碍我国经济发展的一个重要因素。收入公平多年来一直是收入分配领域的热点话题，传统上学者们对横向收入分配，即代内收入公平问题倾注了较多目光，而对纵向收入分配，即代际收入公平却关注不足。近十年来我国社会代际收入流动性有了很大的提升，但代际收入流动不公平仍然广泛存在，民间层出不穷的各种“二代”现象显示了民众对这一问题的担忧。

自 21 世纪以来，人力资本与人力资源逐渐取代传统生产要素成为新经济增长的核心竞争力，人力资本对经济发展的促进作用受到前所未有的重视。教育作为人力资本积累和开发的重要途径，不仅对整个社会的发展进步有着重大意义，对于提高代际收入流动性，促进社会公平亦有着不可替代的作用。因此，在研究人力资本有关模型时，学者们一直把关注点放在教育上。教育与收入公平一直是学者们研究和探讨的重要课题，在过去的几十年里，经济学者们对代际收入流动性的研究表明教育是影响代际收入流动的关键因素之一。代际收入流动理论认为，教育可能改善子代的人力资本；而人力资本的相关理论认为人力资本投资有利于个人实现收入的增加。理论上来说教育的确可以缩小来自不同收入水平家庭子代的人力资本差异，因此教育会对代际收入流动性产生影响，可以增加代际收入流动性，缩小代际收入不公。教育作为一种重要的代际流动机制，有助于低收入群体的子女实现经济社会地位的跃升，具有较强的促进代际流动的功能。因此，通过进一步深化体制改革，引导人们正确地对子代进行人力资本投资，尤其是对子代进行教育投资，对经济的持续健康发展和转型具有重大的现实意义。

衡量代际收入公平的一个重要指标是代际收入流动的程度。一个社会代际收入流动程度越大，说明子代收入受父代收入这一先赋性因素的影响性相对较小，子女本身的教育等后致性因素对子代收入的影响可能更为突出，收入代际就越公平；反之，一个社会的代际收入流动程度越小，表明子代收入受父代收入这一先赋性因素的影响力就越大，收入代际就越不公平。学术界一般是采用代际收入弹性系数来衡量代际收入流动程度，代际收入弹性系数越大，说明子代收入水平对父代收入的依赖程度越大，代际流动程度越低，社会收入分配越不公平；反之，代际收入弹性系数越小，代表代际流动程度越大，社会收入分配越公平。一般而言，子女的受教育程度和所获得教育的质量与父代的收入有着密切而直接的联系，因此，要深刻理解教育与代际收入公平之间的关系，并制定更加合理的有关教育的公共政策，探讨子代教育对代际收入流动性的影响是一个可行的方向。基于此，本书展开子代受教育程度对中国代际收入流动性影响的经济学探讨。

（二）文献综述

理论上，代际收入流动性研究以家庭经济学和人力资本投资理论为基本框架，近十几年来沿着"Galton－Becker－Solon"模型展开。Becker 和 Tomes 及 Solon（1999）假设一个家庭由一对父母和一个孩子构成，家庭总收入为父母的综合收入，家庭决策目标是总收入在家长自身的消费和对孩子的人力资本投资之间进行最优分配，以最大化家庭效用。子代的收入则取决于父母对子代直接人力投资的回报、市场运气及个人禀赋特征等。求解此问题的最优化可得：

$$Y_i^{child} = \beta Y_i^{parent} + \alpha\gamma E_i + \alpha V_i + \alpha U_i \tag{6-5}$$

公式（6－5）即前文所述的"Galton－Becker－Solon"模型。其中，Y_i^{child} 表示子代个人收入，Y_i^{parent} 表示父辈个人收入，E_i 为父代的文化资本，V_i 为子代从父代继承天赋的运气，U_i 为子代的市场运气，β 即为代际收入弹性（Intergenerational Income Elasticity，IIE），$1-\beta$ 就是代际收入流动性。

然而，许多学者发现由于父代收入与父代天赋之间的相关性，依据上述公式简单回归得出的 IIE 估计值并不能直接反映子代收入对父代收入的依赖程度，同时父代文化资本的不可观测性使得通过计量回归来确定代际收入弹性系数非常困难。在实际研究中，学者们经过努力探索并基于不同角度提出了不同的理论模型。如 Mulligan（1997，1999）以及 Grawe 和 Mulligan（2002）分别指出家庭人力资本投资决策过程可能是在经济约束条件下进行的。现实社会的信贷市场不完善可能导致决策过程面临无法解决的经济约束，当出现父代的消费减少到最低水平临界点，可用于子代人力资本投资的收入仍小于最优投资额度的情况时，应当进行政策干预，如增加教育规模、扩大教育机会等。但是对于信贷约束是否能对代际收入不平等产生实质作用，很多学者持否定观点（Mulligan，1997；Grawe，2004；Mazumder，2005）。虽然子代对于能力禀赋的遗传过程束手无策，但后天的努力程度可以影响人力资本积累的过程。只有当个人收入更多地取决于能力禀赋的遗传程度而非个人努力程度时，强政策干预才是必要的，并且在这种情况下代际收入流动性提高不会以个人努力程度的过度损失为代价。

要准确衡量教育对于代际收入流动性的影响，其关键是解决父代收入与其能力等人力资本相关所导致的内生性问题。近年的趋势是基于一般均衡理论建立计量模型，如 Iyigun（1999）建立教育供给模型及入学过程模型分析了公共教育增加所导致的父代受教育程度增加对代际收入流动的作用机制与效应；Restuccia 和 Urrutia（2004）、Hanushek 等（2004）构建了动态一般均衡模型研究大学资助政策对经济有效性及社会结果均衡分配的影响。其他一些学者在实证研究中还采用了中介变量法（Valero - Gil 和 Tijerina - Guajardo，2002；Machin，2004；Iannelli 和 Paterson，2007）及代际收入弹性系数分解法（Bowles 和 Gintis，2002；Blanden 等，2007）等。

各国研究均显示教育（包括教育政策制度和受教育程度）确实对代际收入流动具有一定的解释力度。对于中国的情形，已有一些学者进行了探索。把教育作为代际收入传递中介，郭丛斌和闵维方（2007）发现父亲收入能解释子女收入变动的 13.1%；进一步地，郭丛斌和闵维方（2009）运用结构方程模型发现家庭背景对子女社会地位的影响在 25.5% 的程度上可以用子女受教育年限来解释；陈琳和袁志刚（2012）对 IIE 系数分解，发现教育对 IIE 的影响保持在 10% 以上。

由于人力资本同时受到父代收入和基因遗传以及文化教养等多种途径的影响，使得国内外的实证分析结论不能从因果关系的角度得到解释，但是这些不同种类的人力资本正是公共政策的直接供给品或针对对象，现阶段公共政策给予教育极大的关注，所以这些探讨虽然不能直接揭示不同的代际传递途径，但也是代际收入相关性领域中具有极大理论意义和现实意义的重要内容，从政策制定角度看也具有较直接的参考价值。基于此，本书期望通过对子代受教育程度如何影响代际收入流动性的分析，提出改善我国代际收入流动性的公共政策建议。本书采用 Solon（2004）基本线性模型、代际收入系数分解法和分组讨论相结合的方法。与现有文献相比，本书主要做了以下工作：一是本书系统地从理论、方法和政策等方面全面梳理了教育与代际收入流动性的经济学研究框架；二是本书从子代受教育程度的视角，对中国代际收入流动性进行了分阶段讨论，得出了不同教育阶段对于代际收入流动性的具体影响。

（三）数据、变量及计量方法

1. 数据来源

本部分所使用的数据来源于 2007 年中国家庭收入调查中的个人收入、消费和就业数据。CHIP 调查包含农村住户、农村—城镇流动人口和城镇住户三个子样本，2007 年的 CHIP 数据除包含中国农村—城镇移民调查外，还包含另外的 5000 个农村家庭和另外能够代表全国城镇的 10000 个城镇家庭。为了便于观测，本书所选取 2007 年的城镇样本，涉及北京、上海、辽宁、福建、浙江、江苏、广东、山西、安徽、河南、河北、湖南、湖北、四川、云南、甘肃和重庆 17 个省（市），共有 6835 个家庭的 27803 个个体。

2. 变量释义

首先，本文的收入变量由个人的工资收入确定。由于个人永久性收入往往不可直接观测，甚至是无法进行无偏估计，因此以往的研究者常用某年收入或者多年平均收入作为永久性收入的代理变量，出于数据可获得性限制和数据质量考虑，本书采用个人的 2007 年年度总工资收入来衡量个人收入。

其次，子代受教育程度用子代受教育的年限来衡量。虽然广义的教育包括一切子代从生活中学到的知识技能等，为数据的可获得性和数据质量考虑，选取教育年限来衡量受教育程度。

最后，根据生命周期理论我们知道个人收入会随年龄增长而变化，学者们普遍认同人们的收入一般在 40 岁左右达到最高水平，故研究者们经常在控制变量中添加父亲的年龄和年龄的平方项以及儿子的年龄和年龄的平方项。我们在本书沿用这样的做法，在控制变量中添加儿子的年龄和年龄的平方项以及父亲的年龄和年龄的平方项。在此基础上，我们从数据库中选取了所需信息完整的个体，同时删除了父代年龄大于 70 岁、子代年龄小于 18 岁和不再就业的样本，以及父子年龄差距小于 10 岁、工资性收入为负的异常样本，最终确定符合要求的 742 组父代与子代对应的数据。

3. 计量方法

根据 Solon（2004）模型，假设一个家庭由一对父母和一个孩子构成，家庭总收入为父母的综合收入，家庭决策目标是总收入在家长自身的消费和对孩子的人力资本投资之间进行最优分配以实现家庭效用最大化。子代收入与父代收入相关性可用经典的经济学模型表述如下：

$$\max U_i = (1-\alpha)\ln C_i^{parent} + \alpha \ln Y_i^{child} \tag{6-6}$$

$$\text{s.t.} \quad Y_i^{parent} = C_i^{parent} + I_i^{parent}$$

$$Y_i^{child} = (1+\gamma) I_i^{parent} + E_i$$

在公式（6－6）中，γ 为对子代进行直接教育投资的回报。E_i 的含义非常广泛，表示除了父代对子代进行的直接而有意识的教育的物质投资之外其他所有影响子代收入的因素，主要包括能影响子代收入的其他个人禀赋特征，如子代的受教育程度、认知能力、健康水平，也包括家庭文化、成长环境、教养方式、关系网络以及个人的性格和偏好特征等。

求解上述最优化问题可得：

$$Y_i^{child} = \beta Y_i^{parent} + \alpha E_i \tag{6-7}$$

在公式（6－7）中，$\beta = \alpha(1+\gamma)$ 就是代际收入弹性（IGE）。

大量的研究都对代际收入弹性进行分解来评估中间变量的作用。Bowles 和 Gintis（2002）注意到代际收入相关性可以被分解为可叠加的直接和间接影响。直接影响是父母通过人力资本投资对子女收入产生的直接影响，间接影响是父母收入先影响中间变量再对子女收入产生影响，即 E_i。他们在众多变量中选择了子代的 IQ 测试和受教育程度作为中间变量，发现这两者能解释 3/4 的代际收入传递，更进一步的分析则发现基因（IQ）的传递性并没有很强的解释力，由此发现受教育程度是可靠的中间变量。基于此，并结合本书数据结构和研究目的，我们在上述最优化问题的基础上采用基于 Solon（2004）基本线性模型的 Eriksson 等（2005）的条件收入弹性法相结合的方法来对子代受教育程度的作用进行分析。

为了寻找子代受教育程度对代际收入弹性的影响，本书先设定不包含子代受教育程度的模型来估计代际收入弹性，然后再估计包含受教育程度下的代际收入弹性。不包含受教育程度的基本模型为代际收入的基准回归方程：

$$\ln Y_i^{child} = \alpha + \beta \ln Y_i^{parent} + \mu_i \tag{6-8}$$

包含受教育程度的基本估计方程为：

$$\ln Y_i^{child} = \alpha_0 + \beta_0 \ln Y_i^{parent} + \varphi_0 E_i + \mu_i \tag{6-9}$$

在公式（6-9）中，下标表示第 i 对父子配对，对收入变量取对数是为了便于直接得出所需的弹性系数，被解释变量 $\ln Y_i^{child}$ 为子代永久性收入的对数，解释变量 $\ln Y_i^{parent}$ 为父亲永久性收入的对数，E_i 表示子代受教育程度，变量 μ_i 为扰动项。

考虑到针对不同国别的分析都得到了类似结果，我们将父子年龄作为控制变量加入上述方程，最终的估计方程变为：

$$\ln Y_i^{child} = \alpha + \beta \ln Y_i^{parent} + \eta Z_i + \mu_i \tag{6-10}$$

$$\ln Y_i^{child} = \alpha_0 + \beta_0 \ln Y_i^{parent} + \varphi_0 E_i + \eta Z_i + \mu_i \tag{6-11}$$

在公式（6-11）中，控制变量 Z_i 包含父亲和子代的年龄及其年龄的平方项。

（四）计量分析

首先，基于公式（6-10）求出“简单代际收入弹性 β_0”（下文简称“SIGE”），即第四章第一节所测算的代际收入流动性；其次，基于增加控制教育的公式（6－11）求解“条件代际收入弹性β”（以下简称为“IIE”）；最后，计算 IIE 相对于 SIGE 的变化比率 $(\beta-\beta_0)/\beta_0$，即可根据代际收入弹性变化率判断教育对父子收入相关性的影响。

由于子代受教育程度与父亲永久性收入之间可能存在共线性，所以本书先将子代受教育程度作为因变量对公式（6－11）中所有其他自变量做排序 OLS 回归，结果显示拟 R^2 值为 0.062，且父亲永久性收入对数系数值的显著性水平（约 11%）也较低；以父亲永久性收入对数作为因变量对所有其他自变量做 OLS 回归，结果显示调整后的 R^2 值为 0.175，且家庭收入系数值也不显著。同时，是否将子代受教育程度变量放入模型，对其他自变量系数估值的标准差几乎没有影响。因此可以认为二者之间不存在高度共线性。一个可能的原因是父亲永久性收入反映的是父亲在一个较长时期内的人均净收入水平，并且在家庭预算软约束下并不明显影响子代的受教育水平。

本部分研究的核心问题是子代受教育程度如何影响代际收入流动性，我们要回答的问题是子代受教育程度是否显著影响代际收入弹性系数，对代际收入弹性系数的影响程度如何。按照上述方法进行计量分析，得出的结果对子代受教育程度是否显著影响代际收入弹性系数这一问题给予了肯定回答，如表 6－7 所示。在控制子代受教育年限变量后，代际收入弹性系数在 2007 年城镇样本中从 SIGE 到 IIE 总体下降了 18%。这表明，子代受教育程度的确会显著影响我国城镇地区的代际收入弹性系数，教育的确对我国的代际收入流动性具有一定的解释力，即子代接受教育的年限越长，其个人收入对父代收入的依赖性越低，代际收入流动性越高。这和之前的类似研究结论是一致的（如陈琳、袁志刚，2012）。

表 6－7　子代受教育程度与代际收入弹性

	模型 1	P 值	模型 2	P 值
父代收入	0.414307 (0.046398)	0.0000	0.338806 (0.045419)	0.0000
父亲年龄	0.008511 (0.052992)	0.0997	－0.002919 (0.050803)	0.1500

续表

	模型 1	P 值	模型 2	P 值
子代年龄	0. 181776 (0. 048603)	0. 0002	0. 135624 (0. 046920)	0. 0040
父代年龄平方	-0. 000117 (0. 000450)	0. 1000	-1. 80E -06 (0. 000431)	0. 1500
子代年龄平方	-0. 00257 (0. 000783)	0. 0011	-0. 001782 (0. 000756)	0. 0018
子代受教育年限	— —	—	0. 078941 (0. 009686)	0. 0000
常数项	1. 976677 (1. 355183)	0. 1451	2. 629684 (1. 301163)	0. 0436
调整后的 R^2	0. 227179		0. 298428	
Prob > F	0. 0000		0. 0000	
观测值	742		742	
IGE 变化率	-18%			

注：①括号内为系数估计的稳健标准误。

②IIE 的变化率为控制子代受教育年限后的父代收入系数的变化率。

（五）对子代受教育程度作用的进一步考察

为了进一步确定子代受教育程度对代际收入弹性的影响，我们对教育的作用做进一步探讨。运用公式（6 -11），我们把子代的受教育程度划分为初中、高中、大学及以上三个阶段，分别比较：第一，初中以下教育程度与初中教育程度的代际收入弹性；第二，高中以下教育程度与高中教育程度的代际收入弹性；第三，大学以下教育程度与大学及以上教育程度的代际收入弹性。在控制子代受教育年限后在三个组内分别比较代际收入弹性系数的变化。为了方便比较，将每一阶段中不包含本阶段教育的回归系数在左侧，包含的在右侧，分别用系数 1 和系数 2 表示，估计结果见表 6 -8。

表 6－8　分阶段子代受教育程度与代际收入弹性

	初中		高中		大学及以上	
	系数 1	系数 2	系数 1	系数 2	系数 1	系数 2
父代收入	0. 379426 （0. 144276）	0. 372922 （0. 11779）	0. 372922 （0. 11779）	0. 372363 （0. 061364）	0. 372363 （0. 061364）	0. 359330 （0. 075771）
父亲年龄	－0. 165995 （0. 11381）	－0. 144641 （0. 109827）	－0. 144641 （0. 109827）	0. 087247 （0. 098502）	0. 087247 （0. 098502）	0. 340434 （0. 120720）
子代年龄	0. 246966 （0. 087073）	0. 214579 （0. 086710）	0. 214579 （0. 086710）	0. 11014 0. 072583）	0. 11014 0. 072583）	0. 01477 （0. 101099）
父代年龄平方	0. 001332 （0. 000903）	0. 001155 （0. 000890）	0. 001155 （0. 000890）	－0. 000763 （0. 000836）	－0. 000763 （0. 000836）	－0. 002809 （0. 001009）
子代年龄平方	－0. 003515 0. 001378	－0. 003025 （0. 001371）	－0. 003025 （0. 001371）	－0. 001329 （0，001185）	－0. 001329 （0，001185）	－0. 00008 （0. 001666）
子代受教育年限	0. 076341 （0. 029854）	0. 085617 （0. 037394）	0. 085617 （0. 037394）	0. 057348 （0. 030258）	0. 057348 （0. 030258）	0. 051038 （0. 024732）
常数项	6. 02086 （3. 370103）	5. 253171 （3. 328041）	5. 253171 （3. 328041）	0. 970151 （2. 554890）	0. 970151 （2. 554890）	－5. 387466 （3. 219441）
调整后的 R^2	0. 196763	0. 228110	0. 228110	0. 20772	0. 20772	0. 225738
Prob （F－statistic）	0. 0042	0. 001000	0. 0000	0. 0000	0. 0000	0. 0000
观测值	124	342	342	566	566	742
IGE 变化率	－1. 70%		－0. 15%		－3. 50%	

注：①括号内为系数估计的稳健标准误。

②IIE 的变化率为控制子代受教育年限后的父代收入系数的变化率。

由以上估计结果可以看出，按子代受教育程度分组估计的结果为，在控制子代受教育年限后，初中组、高中组、大学组的代际收入弹性系数分别下降了 1. 7% 、0. 15% 、3. 5% 。这表明子代受教育年限越长，代际收入弹性系数越小，代际收入流动性越高的结论仍然成立。其中，是否接受过大学及以上教育对代际收入弹性的影响最明显，初中组次之，高中组的 IIE 变化率最小。同时，从初中组到高中组代际收入弹性系数下降（由 0. 372922 下降为 0. 372363），从高中组到大学组代际收入弹性系数也下降（由 0. 372363 下降为 0. 359330），进一步证明了子代受教育程度对代际收入流动性有明显影响。因此，随着受教育程度的提高，子代收入对父代收入的依赖性降低，代际收入流动性提高。

值得注意的是，控制子代受教育年限后，高中组代际收入弹性系数变化（0.15%）低于初中组（1.7%）及大学组（3.5%）。以往经济学者们的有关教育市场回报的理论对这一结论给出了一些解释，其中一个最可能的解释是 Boudon（1976）提出的结构化失衡理论：教育与社会结构化失衡，社会流动呈现不规律变化。然而针对中国的具体情况，还可能与高中辍学率相对于义务教育阶段更高有关，也可能与中国的高中教育更多承担大学选拔考试的作用有关，导致代际收入弹性变化不明显。当然，具体的原因有待于将来采用更多的数据和更复杂的方法予以更精确的考察。需要说明的是，作为中间变量的受教育程度既含有基因的背景又含有环境的背景因素，我们的分解方法无法全面解释这些因素的作用机制。因此，我们无法确定使用 OLS 回归时可以得到一致估计量，因为可能会遗漏一些变量。所以，我们在使用上述方法解释代际流动性时，只能起到辅助说明作用，而不期望作为强力证据。

（六）结论及启示

本部分从在控制子代受教育年限变量后，观察代际收入弹性系数变化方向和幅度的角度，通过采用 Solon（2004）基本线性模型、代际收入弹性系数分解法和分组讨论相结合的方法，结合中国实际，研究了子代受教育程度如何影响代际收入流动性的问题。在控制子代受教育年限后，我们得到以下结论：

结论一，代际收入弹性在 2007 年城镇样本中总体下降了 18%，说明子代受教育程度的确对我国代际收入流动性具有显著影响；

结论二，初中、高中、大学组各组的代际收入弹性系数也分别有所下降，进一步说明子代受教育程度对代际收入流动性的影响作用显著，即在各组内随着受教育程度的提高，子代收入对父代收入的依赖性下降，代际收入流动性提高；

结论三，高中组在控制子代受教育年限后，代际收入弹性系数下降幅度最小，仅有0.15%，说明高中教育在组内对于提高代际收入流动性的作用并不明显；

结论四，大学组内在控制子代受教育年限后，代际收入弹性系数下降幅度较初中组和高中组大，表明大学教育对提高组内代际收入流动性作用最明显。

经过上文的分析，结论一和结论二与已有研究结论基本一致，也符合代际收入流动相关理论及经济现实，值得注意的是，结论三高中组在控制子代受教育年限后，代际收入弹性系数下降并不明显，及结论四大学组在控制子代受教育年限后，代际收入弹性系数下降程度较初中组和高中组都更大。人力资本理论认为，教育可以提高人的知识和技能，进而提升人的生产能力，较高的生产能力会在劳动力市场上获得高额回报（Becker，1975）。通常来说，个人的知识和技能与受教育程度是正相关的，因而子代受教育年限越长，个人知识和技能的提升就越强，个人生产能力的提高就越明显，因此子代受教育程度越高，代际收入流动性也就越高。Boudon（1976）的结构化失衡理论认为要从动态的角度考察教育与社会地位获得之间的关系，教育收益率呈现动态变化的趋势。教育结构与社会结构失衡会导致劳动市场上人才供求失衡，随着受教育程度的不断提升，受中等教育程度的群体会受到最大冲击，他们获得更高社会地位的可能性急剧下降；受初等教育程度的群体也会受到负面影响，但情况好于中等教育水平；受高等教育程度的群体基本不受影响。本书根据子代受教育水平分阶段估计的条件代际收入弹性系数结果大致符合该理论，因此我国大学组和初中组 IIE 变化率高于高中组 IIE 变化率，极有可能就是因为我国目前教育结构与社会结构脱节所致。

本节的结论有显著的政策含义：首先，贯彻落实义务教育有助于提高社会代际收入流动性，促进社会代际收入公平；其次，公共政策对低收入家庭应有所倾斜，完善奖、助学金体制，为人力资本投资提供更为完善的金融信贷市场环境，让更多寒门学子有机会实现经济社会地位的跃升；再次，要继续深化教育制度改革，应优化高中教育改革，减少选拔考试的准备时间，更加注重学生的知识技能培养，提高教育回报率；最后，要发挥政府的作用解决劳动力市场失灵，使市场体制改革与教育制度改革并行，解决目前教育结构与社会结构失衡的问题。

最后需要强调的是，直接以某一程度的代际流动性作为“标杆”的公共政策并不可取，有一个明确目标的确为评判在位政府官员业绩提供了标尺，但这绝不是制定公共政策的初衷。由于现有研究还不能给出最优代际流动性程度的标准，故笼统地提出“提高代际收入流动性”口号并不应当成为政策目标。在制定政策时，政策制定者应当保持应有的谨慎，不仅应当考虑政策制定后的直接影响，还应考虑政策的激励作用，因为政策的改变使人们的成本与收益发生变动，由此带来的人们行为的变动可能会造成公共政策预期目标无法实现。

三、小结

本章首先从公共教育支出视角出发，采用 CHNS 数据并运用多重门槛模型对中国公共教育支出影响居民代际收入流动的程度进行了经验分析。第一步，先用一个有交互项的模型来验证随着政府教育支出的增加代际收入流动性也增加，但是由于交互项与父代收入存在高度相关，这样结果受到了一定的限制。第二步，运用多重门槛模型，以公共教育支出作为门槛变量，求出门槛值对样本进行分组，构造双重门槛模型。模型估计结果表明公共教育支出水平较高的样本比公共教育支出水平较低的样本代际流动性更大，公共教育支出的增加确实提高了代际收入弹性，促进了社会公平，但是这种效果只有在较高的公共教育支出水平上才会显著体现。第三步，考虑到地区经济差异，我们对之前的模型进行了稳健性检验，回归结果显示代际收入弹性没有明显变化，其他变量的估值总体上也与预期相符，验证了之前的结论。此外，基本模型的计量结果表明子代未来收入受到多种因素的影响，这其中不仅包括父代受教育年限，同时也包括子代自身的年龄等。

鉴于上一章我们已经从理论上阐述了子代受教育程度对代际收入流动的影响，本章接下来运用中国家庭收入调查 CHIP2007 年的城镇数据，在控制子代受教育程度变量后，观察代际收入弹性的变化方向和幅度。这一部分采用 Solon

(2004) 基本线性模型，运用代际收入弹性系数分解法、中介变量法和分组讨论相结合的方法，研究了子代受教育程度如何影响代际收入流动性。

本章的经验分析发现：

(1) 我国代际收入流动性较低，各地区公共教育支出水平会影响代际收入流动性的大小，加入公共教育支出变量后，代际收入弹性为0.548，公共教育支出对子代收入的弹性为0.154。

(2) 随着政府教育支出水平的提高，公共教育支出水平越高（生均教育经费高于1161.73元）的地区代际收入流动性的增加越显著。

(3) 各地区公共教育支出对代际收入流动性的影响程度并不随地区经济发展水平不同而不同。

(4) 代际收入弹性在2007年城镇样本中总体下降了18%，说明子代受教育程度的确对我国代际收入流动性具有显著影响。

(5) 初中、高中、大学组各组的代际收入弹性系数也分别有所下降，进一步说明子代受教育程度对代际收入流动性的影响作用显著，即在各组内随着受教育程度的提高，子代收入对父代收入的依赖性下降，代际收入流动性提高。

(6) 高中组在控制子代受教育年限后，代际收入弹性系数下降幅度最小，仅有0.15%，说明高中教育在组内对于提高代际收入流动性的作用并不明显。

(7) 大学组内在控制子代受教育年限后，代际收入弹性系数下降幅度较初中组和高中组大，表明大学教育对提高组内代际收入流动性作用最明显。

第七章　研究结论与政策建议

一、研究结论

本书以研究公共教育支出对居民代际收入流动性的影响为主线，从理论与经验两个方面展开，重点分析公共教育支出对居民代际收入流动性的影响机制。为此，在现有相关研究的基础上，我们构建了一个一般性的分析框架：首先，基于收入不平等—经济增长框架分析公共教育支出对收入不平等和经济增长的作用。其次，测算当前我国居民代际收入流动程度，并描述了公共教育支出内涵与特征。再次，比较分析不同教育支出体制下代际收入流动性，在此基础上构建了一个公共教育支出对代际收入流动性影响的动态一般均衡模型。最后，通过一个多重门槛回归模型计量分析了公共教育支出对代际收入流动性的影响以及子代受教育程度对代际流动性的影响。本书得到的主要结论如下：

第一，在考察公共教育支出与收入不平等和经济增长的关系之后发现：一是政府增加当期的公共教育支出会阻碍经济增长，并且收入不平等也会对经济增长产生阻碍作用。二是公共教育支出对未来而非现期的经济增长具有促进作用，公共教育支出的增加会使当期经济增长速度下降，但对三年以后的经济增长有正向激励作用。三是公共教育支出对当期和长期经济增长的这种负向和正向效应具有稳健性，虽然不同的外生变量加入对公共教育支出的系数大小会产生显著变化，但是其符号仍然没有变化。

第二，利用 CHIP2007 数据和相关统计数据分别观测中国的代际收入流动性和公共教育支出的特征发现：一是 2007 年总体样本中的代际收入弹性为 0.414，其中城镇和农村的代际收入弹性分别为 0.382 和 0.236。与其他研究者的结果比较，本书得到的这一弹性处于中等偏下水平；与其他国家比较，我国的代际收入弹性处于中等偏高水平，高于大多数主要国家，表明我国代际收入流动程度不高。二是通过转换矩阵法测算我国东、中、西三大区域的代际收入流动性，发现三大区域中，东部地区代际收入流动性最高，西部地区最低。三是从公共教育支出规模的变化趋势上看，近 20 多年来我国公共教育支出增长速度显著加快，2014 年公共教育支出占 GDP 的比重已经达到了 3.55%，但与 2000 ~2011 年世界各国公共教育支出占 GDP 比重平均值 3.86% ~4.53% 相比，中国公共教育支出比例依然不足，与高收入国家平均水平、中等收入国家平均水平、世界平均水平和本文选取的 35 国平均水平相比都偏低。四是从我国地方公共教育支出的结构来看，人员经费所占比重逐年上升、公用经费所占比重逐年下降，并且前者远高于后者；从公共教育支出的分配结构来看，高等教育经费所占比重最大，而普通小学的生均经费增长最快；同时，我国生均教育经费指数不断改善，各级教育的普及和教育质量均有提高，目前小学生均教育经费指数基本达到了 2000 年 OECD 国家平均水平。

第三，通过考察公共教育支出对代际收入流动的影响机制我们发现：一是公共教育支出影响代际收入流动的逻辑在于，低收入家庭的父代在对子代进行人力资本投资时可能会遭遇到信贷约束，而公共教育支出是缓解这一约束的核心公共产品，它可以削弱家庭财富对子代的影响，从而提高代际流动性。二是公共教育支出能够影响代际收入流动的原因在于：通过代际交叠模型分析发现如果初始不平等程度给定，在转移动态及稳态时，公共教育体制下不平等程度的短期值与长期值总是较市场教育体制下低；对于任何一代人，公共教育体制下的代际流动性总是高于市场教育体制下的代际流动性。此时，公共教育体制下不平等和代际收入流动不会出现所谓的“了不起的盖茨比曲线”的形状，而在市场教育体制下则会呈现。三是公共教育支出影响代际收入流动的路径在于，长期内公共教育支出可以改善落后地区教育资源，提高教育质量，以削弱父代收入不平等导致的子女受教育程度差别，从而缓解人力资本形成的差别，进而可以提高代际收入流动性。四是基于公共教育支出影响代际流动性的动态一般均衡分析，发现不同的教育成本函数使不平等程度结合代际流动性呈现不同的变化过程，并且在整个转移动态中子代与父代的受教育类型存在正相关性。因此，从理论上解释了为什么受教育程度是可识别的代际收入传递路径中作用最重要的影响因素，以及为什么提高公共教育支出可以缓解代际固化。

第四，对中国公共教育支出影响居民代际收入流动程度的经验分析发现：一是我国代际收入流动性较低，各地区公共教育支出水平的确会影响代际收入流动性的大小。二是随着政府公共教育支出水平的提高，公共教育支出水平越高（生均教育经费高于1161.73元）的地区代际收入流动性的增加越显著。三是各地区公共教育支出对代际收入流动性的影响程度并不随地区经济发展水平不同而不同。四是控制子代受教育程度以后代际收入弹性在2007年城镇样本中总体下降了18%，表明子代受教育程度的确对我国代际收入流动性具有显著影响，并且在各组内随着受教育程度的提高，子代收入对父代收入的依赖性下降，代际收入流动性提高，其中大学教育对提高组内代际收入流动性作用最明显，而高中教育在组内对于提高代际收入流动性的作用最不明显。

二、政策建议

上述结论所蕴含的政策含义是：

第一，合理运用公共支出政策以促进收入分配公平与代际收入流动是下阶段我国实现经济工作的主要方向之一。因为我国收入不平等对经济增长具有显著的负效应，已经成为阻碍我国经济持续稳定增长的关键因素。我国的代际收入流动性高于大多数主要国家，这使我们不得不警惕。

第二，要从根本上保证公共教育经费不被挪用，实现公共教育支出经费（财政预算内教育经费）占 GDP 的比重不低于4%。因为中国公共教育支出规模依然较小，与高收入国家平均水平、中等收入国家平均水平、世界平均水平和本书选取的35 国平均水平相比都偏低。结构上看，虽然我国生均教育经费指数不断改善，各级教育的普及和教育质量均有提高，目前小学生均教育经费指数基本达到了2000 年 OECD 国家平均水平，但与2012 年其他国家的平均水平相比仍然存在较大差距。应该通过各级人大会议设立法律保障，规范政府的财政教育经费投入，并明确具体的奖惩机制，与主管官员的绩效考核挂钩。

第三，中央政府增加对中西部地方高校尤其是普通本科院校的公共财政支持力度可能非常有利于我国代际收入流动性的改善。随着政府教育支出水平的提高，公共教育支出水平越高的地区代际收入流动性的增加越显著。较高的公共教育支出水平对应着较小的代际收入弹性或较高的代际收入流动性。由于中西部的代际收入流动性要低于东部，因此中央财政在对地方财政转移支付时应充分考虑这一点。传统上，我国的公共教育支出都是“分级管理”，即由地方财政特别是县级财政负责基础教育经费支出，中央和省级财政主要负责高等教育支出。但由于改革开放以来，东、中、西部的经济差距不断拉大，中西部地方政府教育经费支出明显不如东部，这也是导致中西部高校集体“陷落”的一个重要原因。考虑到大学教育在提高代际流动性方面的突出作用，中央增加对中西部地方高校尤其是普通本科院校的公共财政支持力度可能非常有利于我国代际收入流动性的改善。

第四，公共教育支出政策应该保持连续性。研究显示，虽然公共教育支出在改善代际流动性方面具有重要作用，但需要在一个较高的水平上才能明显体现出来。这也提醒我们，当观察到公共教育支出对代际收入流动性影响不显著时，可能是受到了支出规模的影响。因此，无论是经济发达地区还是落后地区，政府对公共教育支出都需要有一定耐心，政策应该保持连续性，只有持续提高公共教育支出水平才能增强整个社会的阶层流动性。这是在地方政府领导人更替时需要密切注意的，已经有研究证实由地方官员变动导致的政策不连续性显著降低了地方的财政效率（梅海生、才国伟等，2015）。

第五，进一步优化完善公共教育支出结构。本书还发现大学教育对提高组内代际收入流动性作用最明显，而高中教育在组内对于提高代际收入流动性的作用最不明显。因此，首先，要完善大学尤其是普通非重点大学的奖、助学金体制，为人力资本投资提供更为完善的金融信贷市场环境，对寒门学子实现经济社会地位的跃升可能有显著作用。其次，要继续深化教育制度改革，应优化高中教育改革，减少选拔考试的准备时间，更加注重学生的知识技能培养，提高教育回报率。最后，要发挥政府的作用尽力弥补劳动力市场失灵，为市场体制改革和教育制度改革提供保障，缓解当前教育结构与社会需求结构失衡的问题。

第六，为使受教育人数达到最大，不同经济发展阶段的国家（地区）应采取不同的税率。最优的税收政策应该在经济发展初始阶段设定较高税率，随后逐步降低，从而使每一期的受教育人数都能够达到最大化。这为我国的税制改革提供了理论参考，同时也说明不考虑经济发展阶段去比较不同国家的税率政策意义不大。关于中国税率有许多争论，但要想评价税率是否合理，无论用哪一种口径计算都要先基于中国当前的经济发展阶段。

此外，本书需要特别强调的是，直接以某一具体水平的代际流动性作为“标尺”的公共政策并不可取，虽然有一个明确目标的确为评判在位政府官员业绩提供了标准，但这绝不是制定公共政策的初衷。因为现有研究还不能就某一地区的经济发展水平给出一个最优代际流动性水平的标准，故而笼统地提出“提高代际收入流动性”口号并不是一个好的激励政策。在制定政策时，决策者应当保持应有的谨慎，不仅应当考虑政策制定后的直接影响与短期影响，还应考虑政策的长期激励作用，因为政策的改变使人们当期的成本与收益发生变动，由此带来的人们行为的变动可能会造成公共政策的长期预期目标无法实现。

三、研究展望

为完成本书，课题组已经尽力收集和整理了各类文献，但数据问题依然成为我们研究的一大约束；同时，为了保持各章节的一致性以及与同类研究结果的可比性，对一些指标也做了简化处理。这些都是本书还不尽如人意的地方，也是未来我们继续努力的方向。具体如下：

第一，指标本身的问题。一是收入指标。个人永久性收入往往不可直接观测，甚至是无法进行无偏估计，因此以往的研究者常用某年收入或者多年平均收入作为永久性收入的代理变量以克服暂时性收入可能导致的偏误。并且，虽然我们知道工资收入不足以代表家庭收入的全部，特别是对于高收入者，但在现有数据基础上，我们依然只能选用年度总工资收入来衡量个人收入。二是公共教育支出指标。由于和西方国家在财政体系上有明显差异，我国相关文献中对公共教育支出有多种表述方式，未必都能与西方的公共教育支出完全对应。传统上，我国学者将财政性教育经费等同于公共教育支出。但本书认为，与西方国家公共教育支出界定一致的统计量应该是预算内教育拨款，但出于种种原因我国政府文件中提到的主要也是财政性教育经费，这一概念的广泛使用导致了人们在公共教育支出概念上的认识误区，也使得本书的一些公共教育支出数据与大多数同类研究不同，从而不能与之简单比较。三是县级指标。张五常（2009）认为，理解中国经济制度的关键在于县级政府之间的竞争。由于县级政府掌握着土地这一核心资源，因而在财政支出方面比省级和市级政府对地方经济具有更大的影响力。如果这一理论成立，我们有理由相信，运用县级公共教育支出数据去观察其对代际收入流动性的影响或许更具说服力。但在目前可获得的数据中，县级财政支出资料相当匮乏，即便可以得到一些，统计口径和标准也不一样，使这一方面的研究暂无进展。四是子代受教育程度指标。我们是用子代受教育的年限来衡量，虽然广义的教育包括一切子代从生活中学到的知识技能等，但为数据的可获得性和数据质量考虑，研究中也只能选取教育年限来衡量受教育程度。所以，如果有更完备的数据库准确度量上述指标，相信我国的代际收入流动性研究还能更进一步。

第二，代际收入传递中间变量的挖掘。大量的研究都对代际收入弹性进行分解来评估中间变量的作用。主要的思路就是研究父母收入对中间变量的影响，然后研究中间变量对子女收入的影响，并以此来解释代际收入是如何传递的。代际收入传递可分为可叠加的直接影响和间接影响，直接影响就是父母收入对子女收入的直接干预，间接影响就是父母收入先影响中间变量再对子女的收入造成影响。间接影响中的中间变量集中了研究者们探索的兴趣。虽然最近有学者分解了代际收入弹性（Blanden、Gregg 和 Macmillan，2007），但解释这些分解公式却非常困难，因为中间变量既含有基因的背景因素又含有环境的背景因素，并且这种方法也无法解释其中的因果关系。基于这种方法使用 OLS 回归不可能得到一致估计量，因为会遗漏很多变量。所以，在解释代际流动的因果机制时，中间变量及其中因果机制的挖掘仍然是未来研究的一大难点。

第三，最优代际流动性的度量标准。代际收入流动性究竟多大才是最优的呢？许多人都认为机会公平是一个现代社会的基本目标，即贫穷的孩子和富裕的孩子都拥有同样的机会。每一个奋发向上的人无论其家庭背景如何都理应获得成功。然而，即便如此，完全的代际收入流动性对于整个社会来说可能并不是最优的。在一个运行正常的市场经济体中，基因的传承和人力资本投资一定会使代际相关性大于零。也许会有某些促进收入分配和社会公平的公共政策去强迫雇主雇佣工作能力相对较差的应聘者，以此来提高代际收入流动性，但这样却会导致社会效率降低，并影响到人力资本积累，从而带来了更高的社会成本。因此，这样的政策并不一定是理想的。但是从另一角度来说，如果富裕家庭的子代通过动用社会关系来和更加优秀的应聘者竞争，这也是损害社会效率的。所以，究竟一国的最优代际流动值在哪里，值得我们继续探索。

附录　代际流动性相关模型总结

附录一　Solon（2004）模型的推导

父母所有的税后收入等于自己的消费 C_0 加上对子女的投资 I_0，即：

$$(1-\tau)Y_0 = C_0 + I_0 \tag{1}$$

子女的人力资本生成机制为：

$$h_1 = \theta\log(I_0 + G_0) + e_1 \tag{2}$$

在公式（2）中，e_1 为子女的初始先天禀赋，G_0 为政府对子女的人力资本投资。假设子女的初始先天禀赋服从 AR（1）过程，则有：

$$e_1 = \delta + \lambda e_0 + v_1 \tag{3}$$

在公式（3）中，λ 介于 0 和 1，v 是白噪声过程。假设子女的收入方程为：

$$\log(Y_1) = \mu + ph_1 \tag{4}$$

在公式（4）中，p 为人力资本投资的回报率。假设家庭的效用函数为：

$$U = (1-\alpha)\log(C_0) + \alpha\log(Y_1) \tag{5}$$

在公式（5）中，α 为父母对子女利他性程度的一种度量。令：

$$G_0/[(1-\tau)Y_0] = \varphi - \gamma\log(Y_0) \tag{6}$$

在公式（6）中，γ 取正值意味着政府投资与父母税后收入的比值会随着父母收入的增加而减小，所以 γ 可以用来衡量政府对子女进行投资的程度。

将公式（1）至公式（4）代入公式（5）可得：

$$U=(1-\alpha)\log[(1-\tau)Y_0-I_0]+\alpha\mu+\alpha\theta p\log(I_0+G_0)+\alpha pe_1 \tag{7}$$

将公式（7）对 I_0 求偏导可得：

$$\frac{\partial U}{\partial I_0}=\frac{-(1-\alpha)}{(1-\tau)Y_0-I_0}+\frac{\alpha\theta p}{I_0+G_0}=0 \tag{8}$$

解公式（8）可得：

$$I_0=\frac{\alpha\theta p}{1-\alpha(1-\theta p)}(1-\tau)Y_0-\frac{1-\alpha}{1-\alpha(1-\theta p)}G_0 \tag{9}$$

将公式（2）代入公式（4）可得：

$$\log(Y_1)=\mu+p[\theta\log(I_0+G_0)+e_1] \tag{10}$$

将公式（9）代入公式（10）可得：

$$\begin{aligned}\log(Y_1)&=\mu+p\left\{\theta\log\left[\frac{\alpha\theta p}{1-\alpha(1-\theta p)}(1-\tau)Y_0-\frac{1-\alpha}{1-\alpha(1-\theta p)}G_0+G_0\right]+e_1\right\}\\&=\mu+p\theta\log\left[\frac{\alpha\theta p}{1-\alpha(1-\theta p)}(1-\tau)Y_0+\frac{\alpha\theta p}{1-\alpha(1-\theta p)}G_0\right]+pe_1\\&=\mu+p\theta\log\left[\frac{\alpha\theta p}{1-\alpha(1-\theta p)}(1-\tau)\left(Y_0+\frac{G_0}{1-\tau}\right)\right]+pe_1\\&=\mu+p\theta\log\left[\frac{\alpha\theta p}{1-\alpha(1-\theta p)}(1-\tau)\right]+p\theta\log\left\{Y_0\left[1+\frac{G_0}{(1-\tau)Y_0}\right]\right\}+pe_1\end{aligned} \tag{11}$$

当 $\frac{G_0}{(1-\tau)Y_0}$ 的值比较小时，公式（11）可以写为：

$$\log(Y_1)=\mu+p\theta\log\left[\frac{\alpha\theta p(1-\tau)}{1-\alpha(1-\theta p)}\right]+p\theta\log Y_0+p\theta\left[\frac{G_0}{(1-\tau)Y_0}\right]+pe_1 \tag{12}$$

又因为 $G_0/[(1-\tau)Y_0]=\varphi-\gamma\log(Y_0)$，所以公式（12）可以写为：

$$\begin{aligned}\log(Y_1)&=\mu+p\theta\log\left[\frac{\alpha\theta p(1-\tau)}{1-\alpha(1-\theta p)}\right]+p\theta\log Y_0+p\theta[\varphi-\gamma\log(Y_0)]+pe_1\\&=\mu+p\theta\log\left[\frac{\alpha\theta p(1-\tau)}{1-\alpha(1-\theta p)}\right]+p\theta\varphi+p\theta(1-\gamma)\log Y_0+pe_1\end{aligned} \tag{13}$$

令 $\mu^*=\mu+p\theta\log\left[\frac{\alpha\theta p\ (1-\tau)}{1-\alpha\ (1-\theta p)}\right]+p\theta\varphi$，则公式（13）可以写为：

$$\log(Y_1)=\mu^*+p\theta(1-\gamma)\log Y_0+pe_1 \tag{14}$$

假设带偏移的 AR（2）过程如下：

$$X_t = u + \varphi_1 X_{t-1} + \varphi_2 X_{t-2} + \varepsilon_t \tag{15}$$

使用 γ_k 表示该带偏移的 AR（2）过程的 k 阶自协方差，即 $\gamma_k = \mathrm{Cov}(X_t, X_{t-k})$

使用 ρ_k 表示该带偏移的 AR（2）过程的 k 阶自相关系数，即 $\rho_k = \dfrac{\gamma_k}{\gamma_0}$

$$\begin{aligned}
E(X_t\varepsilon_t) &= E[(u + \varphi_1 X_{t-1} + \varphi_2 X_{t-2} + \varepsilon_t)\varepsilon_t] \\
&= E(u\varepsilon_t) + \varphi_1 E(X_{t-1}\varepsilon_t) + \varphi_2 E(X_{t-2}\varepsilon_t) + E(\varepsilon_t^2) \\
&= E(\varepsilon_t^2) \\
&= \sigma_\varepsilon^2
\end{aligned}$$

$$\begin{aligned}
\mathrm{Cov}(X_t, X_t) &= \mathrm{Cov}(X_t, u + \varphi_1 X_{t-1} + \varphi_2 X_{t-2} + \varepsilon_t) \\
&= \mathrm{Cov}(X_t, u) + \varphi_1 \mathrm{Cov}(X_t, X_{t-1}) + \varphi_2 \mathrm{Cov}(X_t, X_{t-2}) + \mathrm{Cov}(X_t, \varepsilon_t) \\
&= \varphi_1 \mathrm{Cov}(X_t, X_{t-1}) + \varphi_2 \mathrm{Cov}(X_t, X_{t-2}) + \mathrm{Cov}(X_t, \varepsilon_t) \\
&= \varphi_1 \mathrm{Cov}(X_t, X_{t-1}) + \varphi_2 \mathrm{Cov}(X_t, X_{t-2}) + E(X_t\varepsilon_t) - E(X_t)E(\varepsilon_t) \\
&= \varphi_1 \mathrm{Cov}(X_t, X_{t-1}) + \varphi_2 \mathrm{Cov}(X_t, X_{t-2}) + E(X_t\varepsilon_t) \\
&= \varphi_1 \mathrm{Cov}(X_t, X_{t-1}) + \varphi_2 \mathrm{Cov}(X_t, X_{t-2}) + \sigma_\varepsilon^2
\end{aligned}$$

即

$$\gamma_0 = \varphi_1\gamma_1 + \varphi_2\gamma_2 + \sigma_\varepsilon^2 \tag{16}$$

$$\begin{aligned}
\mathrm{Cov}(X_t, X_{t-1}) &= \mathrm{Cov}(u + \varphi_1 X_{t-1} + \varphi_2 X_{t-2} + \varepsilon_t, X_{t-1}) \\
&= \mathrm{Cov}(X_{t-1}, u) + \varphi_1 \mathrm{Cov}(X_{t-1}, X_{t-1}) + \\
&\quad \varphi_2 \mathrm{Cov}(X_{t-1}, X_{t-2}) + \mathrm{Cov}(X_{t-1}, \varepsilon_t) \\
&= \varphi_1 \mathrm{Cov}(X_{t-1}, X_{t-1}) + \varphi_2 \mathrm{Cov}(X_{t-1}, X_{t-2})
\end{aligned}$$

即

$$\gamma_1 = \varphi_1\gamma_0 + \varphi_2\gamma_1 \tag{17}$$

$$\begin{aligned}
\mathrm{Cov}(X_t, X_{t-2}) &= \mathrm{Cov}(u + \varphi_1 X_{t-1} + \varphi_2 X_{t-2} + \varepsilon_t, X_{t-2}) \\
&= \mathrm{Cov}(X_{t-2}, u) + \varphi_1 \mathrm{Cov}(X_{t-1}, X_{t-2}) + \\
&\quad \varphi_2 \mathrm{Cov}(X_{t-2}, X_{t-2}) + \mathrm{Cov}(X_{t-2}, \varepsilon_t)
\end{aligned}$$

$$=\varphi_1 \mathrm{Cov}(X_{t-1},\ X_{t-2})+\varphi_2 \mathrm{Cov}(X_{t-2},\ X_{t-2})$$

即

$$\gamma_2=\varphi_1\gamma_1+\varphi_2\gamma_0 \tag{18}$$

由公式（17）可解得：

$$\rho_1=\frac{\gamma_1}{\gamma_0}=\frac{\varphi_1}{1-\varphi_2} \tag{19}$$

联立公式（16）、公式（17）和公式（18）可解得：

$$\gamma_0=\frac{(1-\varphi_2)\sigma_\varepsilon^2}{(1+\varphi_2)(1-\varphi_1-\varphi_2)(1+\varphi_1-\varphi_2)} \tag{20}$$

将公式（14）改写为更一般的形式：

$$\log(Y_t)=\mu^*+p\theta(1-\gamma)\log Y_{t-1}+pe_t \tag{21}$$

将公式（21）滞后一期可得：

$$\log(Y_{t-1})=\mu^*+p\theta(1-\gamma)\log Y_{t-2}+pe_{t-1} \tag{22}$$

将公式（20）两边同时乘以 λ 得：

$$\lambda\log(Y_{t-1})=\lambda\mu^*+\lambda p\theta(1-\gamma)\log Y_{t-2}+\lambda pe_{t-1} \tag{23}$$

将公式（21）减去公式（23）可得：

$$\log(Y_t)-\lambda\log(Y_{t-1})=(1-\lambda)\mu^*+p\theta(1-\gamma)\log Y_{t-1}-\lambda p\theta(1-\gamma)\log Y_{t-2}+p(e_t-\lambda e_{t-1})$$

利用 $e_t=\delta+\lambda e_{t-1}+v_t$ 化简可得：

$$\log(Y_t)=(1-\lambda)\mu^*+p\delta+[\lambda+p\theta(1-\gamma)]\log Y_{t-1}-\lambda p\theta(1-\gamma)\log Y_{t-2}+pv_t \tag{24}$$

观察可发现公式（24）为带偏移的 AR（2）过程，由公式（19）可得：

$$\rho_1=\frac{\gamma_1}{\gamma_0}=\frac{p\theta(1-\gamma)+\lambda}{1+(1-\gamma)p\theta\lambda} \tag{25}$$

公式（25）即为 $\log(Y_1)$ 和 $\log(Y_0)$ 的样本相关系数。如果公式(24)中的带偏移的 AR(2)过程是平稳的，那么他们的方差是相等的，即 $\mathrm{Var}[\log(Y_1)]=\mathrm{Var}[\log(Y_0)]$。依据关系式 $\mathrm{Corr}(x,\ y)=\frac{\beta\sqrt{D(x)}}{\sqrt{D(y)}}$，可以得到 $\mathrm{Corr}[\log(Y_1),\ \log$

$(Y_0)] = \beta$，其中 β 为将 $\log(Y_1)$ 对 $\log(Y_0)$ 进行 OLS 回归得到的 $\log(Y_0)$ 的系数值。如有需要，我们可以进一步根据 $\gamma_0 = \frac{(1-\varphi_2)\sigma_\varepsilon^2}{(1+\varphi_2)(1-\varphi_1-\varphi_2)(1+\varphi_1-\varphi_2)}$ 求得 $\log(Y_1)$（或 $\log(Y_0)$）的方差。

附录二　Galton – Becker – Solon 方程

假设家庭由一个家长和一个小孩构成，家庭总收入为家长的收入，需要在家长自身的消费和对孩子的人力资本投资之间进行分配，以最大化家庭效用（假设为 Cobb – Douglas 形式），那么这一问题就可以表述如下：

$$\text{Max} \quad U = (1-\alpha)\log(C_0) + \alpha\log(Y_1) \tag{1}$$

$$\text{s. t.} \quad Y_0 = C_0 + I_0 \tag{2}$$

$$Y_1 = (1+r)I_0 + e_1 + \mu_1 \tag{3}$$

假设 e 为 AR（1）过程，则有：

$$e_1 = \lambda e_0 + v_1 \tag{4}$$

将公式（2）、公式（3）和公式（4）代入公式（1）可得：

$$U = (1-\alpha)\log(Y_0 - I_0) + \alpha\log[(1+r)I_0 + \lambda e_0 + v_1 + \mu_1] \tag{5}$$

将公式（5）对 I_0 求偏导可得：

$$\frac{\partial U}{\partial I_0} = \frac{\alpha - 1}{Y_0 - I_0} + \frac{\alpha(1+r)}{(1+r)I_0 + \lambda e_0 + v_1 + \mu_1} \tag{6}$$

令公式（6）等于 0 可解得：

$$\frac{\alpha - 1}{Y_0 - I_0} + \frac{\alpha(1+r)}{(1+r)I_0 + \lambda e_0 + v_1 + \mu_1} = 0$$

$$(1-\alpha)[(1+r)I_0 + \lambda e_0 + v_1 + \mu_1] = \alpha(1+r)(Y_0 - I_0)$$

$$(1-\alpha)Y_1 = \alpha(1+r)(Y_0 - I_0)$$

$$Y_1 = \alpha(1+r)Y_0 + \alpha[y_1 - (1+r)I_0]$$

$$Y_1 = \alpha(1+r)Y_0 + \alpha[\lambda e_0 + v_1 + \mu_1]$$

$$Y_1 = \alpha(1+r)Y_0 + \alpha\lambda e_0 + \alpha v_1 + \alpha\mu_1 \tag{7}$$

公式（7）即为 Galton－Becker－Solon 方程。

附录三　代际相关性的分解

代际收入传递的路径主要包括教育投资、健康投资、社会关系网络传递等。下面，我们主要从这三种传递路径对代际收入相关系数进行分解。假设基准回归方程如下：

$$Y_c = \beta_0 + \beta_1 Y_p + \beta_2 E_c + \beta_3 H_c + \beta_4 O_c + \varepsilon \tag{1}$$

在回归方程（1）中，Y_c 表示子代的持久收入，Y_p 表示父代的持久收入，E_c 表示子代的受教育年限，H_c 表示子代的健康水平，O_c 表示子代的职业类型。将公式（1）等式两边同时取期望值可得：

$$E(Y_c) = \beta_0 + \beta_1 E(Y_p) + \beta_2 E(E_c) + \beta_3 E(H_c) + \beta_4 E(O_c) \tag{2}$$

将公式（1）减去公式（2）可得：

$$Y_c - E(Y_c) = \beta_1[Y_p - E(Y_p)] + \beta_2[E_c - E(E_c)] + \beta_3[H_c - E(H_c)] + \beta_4[O_c - E(O_c)] \tag{3}$$

公式（3）变形后可得：

$$\frac{Y_c - E(Y_c)}{\sqrt{\mathrm{Var}(Y_c)}} = \frac{\sqrt{\mathrm{Var}(Y_p)}}{\sqrt{\mathrm{Var}(Y_c)}}\beta_1 \frac{Y_p - E(Y_p)}{\sqrt{\mathrm{Var}(Y_p)}} + \frac{\sqrt{\mathrm{Var}(E_c)}}{\sqrt{\mathrm{Var}(Y_c)}}\beta_2 \frac{E_c - E(E_c)}{\sqrt{\mathrm{Var}(E_c)}} + \frac{\sqrt{\mathrm{Var}(H_c)}}{\sqrt{\mathrm{Var}(Y_c)}}\beta_3 \frac{H_c - E(H_c)}{\sqrt{\mathrm{Var}(H_c)}} + \frac{\sqrt{\mathrm{Var}(O_c)}}{\sqrt{\mathrm{Var}(Y_c)}}\beta_4 \frac{O_c - E(O_c)}{\sqrt{\mathrm{Var}(O_c)}} \tag{4}$$

接下来定义 $y_c \equiv \frac{Y_c - E(Y_c)}{\sqrt{\mathrm{Var}(Y_c)}}$，$y_p \equiv \frac{Y_p - E(Y_p)}{\sqrt{\mathrm{Var}(Y_p)}}$，$e_c \equiv \frac{E_c - E(E_c)}{\sqrt{\mathrm{Var}(E_c)}}$，$h_c \equiv \frac{H_c - E(H_c)}{\sqrt{\mathrm{Var}(H_c)}}$，$o_c \equiv \frac{O_c - E(O_c)}{\sqrt{\mathrm{Var}(O_c)}}$；$b_1 \equiv \frac{\sqrt{\mathrm{Var}(Y_p)}}{\sqrt{\mathrm{Var}(Y_c)}}\beta_1$，$b_2 \equiv \frac{\sqrt{\mathrm{Var}(E_c)}}{\sqrt{\mathrm{Var}(Y_c)}}\beta_2$，$b_3 \equiv \frac{\sqrt{\mathrm{Var}(H_c)}}{\sqrt{\mathrm{Var}(Y_c)}}\beta_3$，$b_4 \equiv \frac{\sqrt{\mathrm{Var}(O_c)}}{\sqrt{\mathrm{Var}(Y_c)}}\beta_4$，则公式（4）可写为：

$$y_c = b_1 y_p + b_2 e_c + b_3 h_c + b_4 o_c \tag{5}$$

那么现在公式（5）中所有变量均值为0且方差为1，将代际相关性进行分解：

$$\begin{aligned}
\rho(y_c, y_p) &= \frac{\mathrm{Cov}(y_c, y_p)}{\sqrt{\mathrm{Var}(y_c)}\sqrt{\mathrm{Var}(y_p)}} \\
&= \mathrm{Cov}(y_c, y_p) \\
&= \mathrm{Cov}(b_1 y_p + b_2 e_c + b_3 h_c + b_4 o_c, y_p) \\
&= b_1 \mathrm{Cov}(y_p, y_p) + b_2 \mathrm{Cov}(e_c, y_p) + b_3 \mathrm{Cov}(h_c, y_p) + b_4 \mathrm{Cov}(o_c, y_p) \\
&= b_1 + b_2 \mathrm{Cov}(e_c, y_p) + b_3 \mathrm{Cov}(h_c, y_p) + b_4 \mathrm{Cov}(o_c, y_p) \\
&= b_1 + b_2 \frac{\mathrm{Cov}(e_c, y_p)}{\sqrt{\mathrm{Var}(e_c)}\sqrt{\mathrm{Var}(y_p)}} + b_3 \frac{\mathrm{Cov}(h_c, y_p)}{\sqrt{\mathrm{Var}(h_c)}\sqrt{\mathrm{Var}(y_p)}} + \\
&\quad b_4 \frac{\mathrm{Cov}(o_c, y_p)}{\sqrt{\mathrm{Var}(o_c)}\sqrt{\mathrm{Var}(y_p)}} \\
&= b_1 + b_2 r_{e_c y_p} + b_3 r_{h_c y_p} + b_4 r_{o_c y_p}
\end{aligned}$$

即

$$\rho(y_c, y_p) = b_1 + b_2 r_{e_c y_p} + b_3 r_{h_c y_p} + b_4 r_{o_c y_p} \tag{6}$$

公式（6）即为代际收入相关系数的分解模型。$r_{e_c y_p}$为 e_c 和 y_p 的相关系数，$r_{h_c y_p}$为 h_c 和 y_p 的相关系数，$r_{o_c y_p}$为 o_c 和 y_p 的相关系数。

附录四　代际流动的转换矩阵

百分位形式的转换矩阵每行（列）的元素和为1。完全流动时，矩阵元素均为0.25；完全不流动时，主对角线元素为1。可以通过迹的比较来进行矩阵的比较，迹即主对角线元素的和，表示完全不流动的部分，数值介于1~4，值越小，流动性越强；如果采用的是Bartholomew指标，数值介于0~6，值越大，流动性越强。

转换矩阵示例

儿子百分位	父亲百分位			
	1	2	3	4
1	0. 367	0. 300	0. 167	0. 167
2	0. 164	0. 148	0. 361	0. 328
3	0. 25	0. 333	0. 200	0. 217
4	0. 217	0. 233	0. 267	0. 283

附录五　代际收入弹性与代际收入相关性

假设 y 和 x 真实的关系如下：

$$y=\alpha+\beta x+\varepsilon \tag{1}$$

$$E(y)=E(\alpha+\beta x+\varepsilon)=\alpha+\beta E(x) \tag{2}$$

$$y-E(y)=\beta[x-E(x)] \tag{3}$$

在大样本中，$\bar{y}$为 $E(y)$ 的无偏估计量，$\bar{x}$为 $E(x)$ 的无偏估计量，则由公式（3）可得：

$$y-\bar{y}=\beta(x-\bar{x}) \tag{4}$$

公式（4）说明离差回归方程是没有截距的。

$$\begin{aligned}\mathrm{Corr}(x,\ y)&=\frac{\mathrm{Cov}(x,\ y)}{\sqrt{D(x)}\sqrt{D(y)}}\\&=\frac{E(xy)-E(x)E(y)}{\sqrt{D(x)}\sqrt{D(y)}}\\&=\frac{E[x(\alpha+\beta x+\varepsilon)]-E(x)E(\alpha+\beta x+\varepsilon)}{\sqrt{D(x)}\sqrt{D(y)}}\\&=\frac{[\alpha E(x)+\beta E(x^2)]-E(x)[\alpha+\beta E(x)]}{\sqrt{D(x)}\sqrt{D(y)}}\\&=\frac{\beta\{E(x^2)-[E(x)]^2\}}{\sqrt{D(x)}\sqrt{D(y)}}\end{aligned}$$

$$=\frac{\beta D(x)}{\sqrt{D(x)}\sqrt{D(y)}}$$

$$=\frac{\beta\sqrt{D(x)}}{\sqrt{D(y)}}$$

若 $\mathrm{Corr}(x, y)=\rho$，$\sqrt{D(x)}=\sigma_0$，$\sqrt{D(y)}=\sigma_1$，则公式（5）可写为：

$$\rho=\beta\frac{\sigma_0}{\sigma_1}$$

附录六　代际流动性的中间变量法

假设 C 为子代收入的对数值，F 为父代收入的对数值，β 为代际收入弹性，即

$$C=\alpha+\beta F+\varepsilon \tag{1}$$

则收入相关性为（参见附录五）：

$$\rho=\mathrm{Corr}(C, F)=\beta\frac{\sqrt{\mathrm{Var}(F)}}{\sqrt{\mathrm{Var}(C)}} \tag{2}$$

假设有三个中间变量，分别为子代的受教育年份 D、社会资本 S、财富资本 A。首先讨论只有一个中间变量时的情形，比如为子代的受教育年份 D，则有：

$$D=\varphi_1+\lambda_1 F+\mu_1 \tag{3}$$

$$C=\omega+\theta_1 D+\nu \tag{4}$$

将公式（1）和公式（3）代入公式（4）可得：

$$\alpha+\beta F+\varepsilon=\omega+\theta_1(\varphi_1+\lambda_1 F+\mu_1)+\nu \tag{5}$$

将公式（5）变形可得：

$$\nu=\alpha-\omega-\theta_1\varphi_1+(\beta-\lambda_1\theta_1)F+(\varepsilon-\theta_1\mu_1) \tag{6}$$

将公式（6）视作 ν 对 F 的回归方程，由公式（2）可得：

$$\mathrm{Corr}(\nu, F)=(\beta-\lambda_1\theta_1)\frac{\sqrt{\mathrm{Var}(F)}}{\sqrt{\mathrm{Var}(\nu)}} \tag{7}$$

$$\beta=\lambda_1\theta_1+\mathrm{Corr}(\nu,\ F)\frac{\sqrt{\mathrm{Var}(\nu)}}{\sqrt{\mathrm{Var}(F)}}$$

$$=\lambda_1\theta_1+\frac{\mathrm{Cov}(\nu,\ F)}{\sqrt{\mathrm{Var}(\nu)}\sqrt{\mathrm{Var}(F)}}\frac{\sqrt{\mathrm{Var}(\nu)}}{\sqrt{\mathrm{Var}(F)}}$$

$$=\lambda_1\theta_1+\frac{\mathrm{Cov}(\nu,\ F)}{\mathrm{Var}(F)}$$

即

$$\beta=\lambda_1\theta_1+\frac{\mathrm{Cov}(\nu,\ F)}{\mathrm{Var}(F)} \tag{8}$$

现在来讨论中间变量为三个时的情形，则有：

$$S=\varphi_2+\lambda_2F+\mu_2 \tag{9}$$

$$A=\varphi_3+\lambda_3F+\mu_2 \tag{10}$$

$$C=\omega+\theta_1D+\theta_2S+\theta_3A+\nu \tag{11}$$

将公式（1）、公式（3）、公式（9）和公式（10）代入公式（11）可得：

$$\alpha+\beta F+\varepsilon=\omega+\theta_1(\varphi_1+\lambda_1F+\mu_1)+\theta_2(\varphi_2+\lambda_2F+\mu_2)+\theta_3(\varphi_3+\lambda_3F+\mu_2)+\nu \tag{12}$$

将公式（12）变形可得：

$$\nu=(\alpha-\omega-\theta_1\varphi_1-\theta_2\varphi_2-\theta_3\varphi_3)+(\beta-\lambda_1\theta_1-\lambda_2\theta_2-\lambda_3\theta_3)F+(\varepsilon-\theta_1\mu_1-\theta_2\mu_2-\theta_3\mu_3) \tag{13}$$

将公式（13）视作 ν 对 F 的回归方程，由式（2）可得：

$$\mathrm{Corr}(\nu,\ F)=(\beta-\lambda_1\theta_1-\lambda_2\theta_2-\lambda_3\theta_3)\frac{\sqrt{\mathrm{Var}(F)}}{\sqrt{\mathrm{Var}(\nu)}} \tag{14}$$

$$\beta=\lambda_1\theta_1+\lambda_2\theta_2+\lambda_3\theta_3+\mathrm{Corr}(\nu,\ F)\frac{\sqrt{\mathrm{Var}(\nu)}}{\sqrt{\mathrm{Var}(F)}}$$

$$=\lambda_1\theta_1+\lambda_2\theta_2+\lambda_3\theta_3+\frac{\mathrm{Cov}(\nu,\ F)}{\sqrt{\mathrm{Var}(\nu)}\sqrt{\mathrm{Var}(F)}}\frac{\sqrt{\mathrm{Var}(\nu)}}{\sqrt{\mathrm{Var}(F)}}$$

$$=\lambda_1\theta_1+\lambda_2\theta_2+\lambda_3\theta_3+\frac{\mathrm{Cov}(\nu,\ F)}{\mathrm{Var}(F)}$$

即

$$\beta=\lambda_1\theta_1+\lambda_2\theta_2+\lambda_3\theta_3+\frac{\operatorname{Cov}(\nu,\ F)}{\operatorname{Var}(F)} \tag{15}$$

三个中间变量对代际收入流动性的贡献分别为：

$$\tau_1=\frac{\lambda_1\theta_1}{\beta}$$

$$\tau_2=\frac{\lambda_2\theta_2}{\beta}$$

$$\tau_3=\frac{\lambda_3\theta_3}{\beta}$$

总的解释力为：$\tau=\tau_1+\tau_2+\tau_3=\dfrac{\lambda_1\theta_1+\lambda_2\theta_2+\lambda_3\theta_3}{\beta}$

附录七　代际流动性的多值选择模型

假设：如果孩子在同代人中所处的收入阶层比父亲更高，则定义为代际收入向上流动；如果父亲和孩子在各自代群中所处的收入阶层相同，则意味着代际收入阶层的继承；如果孩子在同代人中所处的收入阶层比父亲低，将其设定为代际收入向下流动。

依据多值选择模型（Multinomial Logit），可以把家庭 i 发生代际收入流动 $Y_i=j$ 的概率表示为：

$$P(Y_i=j)=\begin{cases}\dfrac{\exp(X_i\beta_j)}{1+\exp(X_i\beta_{-1})+\exp(X_i\beta_1)} & (i=-1,\ j=1)\\[2ex] \dfrac{1}{1+\exp(X_i\beta_{-1})+\exp(X_i\beta_1)} & (j=0)\end{cases} \tag{1}$$

在公式（1）中，$X_i=(X_{i1},\ \cdots,\ X_{ik})$，$\beta_j=(\beta_{j1},\ \cdots,\ \beta_{jk})^T$；在公式（1）中，$Y_i=j$ 表示不同的代际收入流动模式。可以将代际收入流动模式分为代际收入向下流动（$Y_i=-1$）、代际收入继承（$Y_i=0$）和代际收入向上流动（$Y_i=1$）三类。其中设定代际收入继承家庭（$Y_i=0$）为参照组。由公式（1）可得概率比为：

$$\frac{P(Y_i=j)}{P(Y_i=0)}=\exp(X_i\beta_j)\quad (i=-1,\ j=1) \tag{2}$$

由公式（2）可得对数概率比为：

$$\ln\left[\frac{P(Y_i=j)}{P(Y_i=0)}\right]=X_i\beta_j\quad (i=-1,\ j=1) \tag{3}$$

公式（3）又可以写为：

$$\ln\left[\frac{P(Y_i=j)}{P(Y_i=0)}\right]=X_{i1}\beta_{j1}+X_{i2}\beta_{j2}+\cdots+X_{ik}\beta_{jk}\quad (i=-1,\ j=1) \tag{4}$$

附录八　代际流动性的半参数可变系数局部线性模型

假设半参数可变系数局部线性模型为：

$$\ln Y_{icxt}=\beta_0+\ln Y_{ipxt}\cdot\beta_1(\ln G_{xt})+\beta_2\ln G_{xt}+\gamma R_{ixt}+v_{ixt} \tag{1}$$

在公式（1）中，下标 i 表示第 i 对父子配对，下标 t 表示儿子出生年份，下标 x 表示县。$\ln Y_{icxt}$为 x 县第 i 对父子配对的儿子收入的对数，该儿子出生于第 t 年；$\ln Y_{ipxt}$为 x 县第 i 对父子配对的父亲收入的对数。$\ln G_{xt}$表示第 t 年出生的儿子在 10～14 岁其所在 x 县 7～15 岁儿童人均财政教育支出水平的 5 年平均值。控制变量 R_{ixt}包含父亲和儿子的年龄及其年龄的平方项。系数 β_1 为财政教育支出水平 $\ln G_{xt}$的函数，变量 v_{ixt}为扰动项。

下面进行剖面最小二乘估计（Profile Least Squares Estimation），该方法需先估计如下模型的非参数部分：

$$\ln Y^*_{icxt}=\ln Y_{ipxt}\cdot\beta_1(\ln G_{xt})+v_{ixt} \tag{2}$$

在公式（2）中，$\ln Y^*_{icxt}=\ln Y_{icxt}-\beta_0-\beta_2\ln G_{xt}-\gamma R_{ixt}$。这就将模型（1）由可变系数部分线性模型转化成了可变系数模型（2）。对于系数函数 β_1（$\ln G_{xt}$），我们可以用局部线性估计法来估计，也就是找到合适的（a_1，b_1）来最小化：

$$\sum_{i=1}^{n}\{\ln Y^*_{icxt}-[a_1+b_1(\ln G_{ixt}-\ln G_0)]\ln Y_{ipxt}\}^2K_h(\ln G_{ixt}-\ln G_0) \tag{3}$$

在公式（3）中，K 为一个 Kernel 函数，h 为宽窗，$K_h(\cdot)=K(\cdot/h)/h$。

下面我们用矩阵形式来表达：

$$Y_C=\begin{pmatrix}\ln Y_{1cxt}\\ \vdots\\ \ln Y_{ncxt}\end{pmatrix}\quad Z=\begin{pmatrix}\ln G_{1xt} & R_{1xt} & 1\\ \vdots & \vdots & \vdots\\ \ln G_{nxt} & R_{nxt} & 1\end{pmatrix}$$

$$Y_P=\begin{pmatrix}\ln Y_{1pxt}\\ \vdots\\ \ln Y_{npxt}\end{pmatrix}\quad W_g=\begin{pmatrix}K_h(\ln G_{1xt}-\ln G_{xt}) & 0 & 0\\ 0 & \ddots & 0\\ 0 & 0 & K_h(\ln G_{nxt}-\ln G_{xt})\end{pmatrix}$$

$$\delta=\begin{pmatrix}\beta_2\\ \gamma\\ 1\end{pmatrix}\quad M=\begin{pmatrix}\beta_1(\ln G_{1xt})\ln Y_{1pxt}\\ \vdots\\ \beta_1(\ln G_{nxt})\ln Y_{npxt}\end{pmatrix}$$

$$D_g=\begin{pmatrix}\ln Y_{1pxt} & \dfrac{\ln G_{1xt}-\ln G}{h}\ln Y_{1pxt}\\ \vdots & \vdots\\ \ln Y_{npxt} & \dfrac{\ln G_{nxt}-\ln G}{h}\ln Y_{npxt}\end{pmatrix}$$

这样，公式（3）可以写成：

$$Y_C-Z\delta=M+v \tag{4}$$

其矩阵形式为：

$$\begin{pmatrix}\ln Y_{1cxt}\\ \vdots\\ \ln Y_{ncxt}\end{pmatrix}-\begin{pmatrix}\ln G_{1xt} & R_{1xt} & 1\\ \vdots & \vdots & \vdots\\ \ln G_{nxt} & R_{nxt} & 1\end{pmatrix}\begin{pmatrix}\beta_2\\ \gamma\\ \beta_0\end{pmatrix}=\begin{pmatrix}\beta_1(\ln G_{1xt})\ln Y_{1pxt}\\ \vdots\\ \beta_1(\ln G_{nxt})\ln Y_{npxt}\end{pmatrix}+\begin{pmatrix}v_{1xt}\\ \vdots\\ v_{nxt}\end{pmatrix}$$

而方程（4）的解如下：

$$\sum_{i=1}^{n}\left\{\ln Y_{icxt}^{*}-\left[a_1\ln Y_{ipxt}+hb_1\frac{\ln G_{ixt}-\ln G_0}{h}\ln Y_{ipxt}\right]\right\}^2K_h(\ln G_{ixt}-\ln G_0) \tag{5}$$

公式（5）类似于“$Q=(Y-X\beta)^TW(Y-X\beta)$”的形式，其更准确的形式如下：

$$Q=\begin{pmatrix}\ln Y_{1cxt}^{*}\\ \vdots\\ \ln Y_{ncxt}^{*}\end{pmatrix}-\begin{pmatrix}\ln Y_{1pxt} & \frac{\ln G_{1xt}-\ln G}{h}\ln Y_{1pxt}\\ \vdots & \vdots\\ \ln Y_{npxt} & \frac{\ln G_{nxt}-\ln G}{h}\ln Y_{npxt}\end{pmatrix}\begin{pmatrix}a_1\\ hb_1\end{pmatrix}^{T}$$

$$\begin{pmatrix}K_h(\ln G_{1xt}-\ln G_{xt}) & 0 & 0\\ 0 & \ddots & 0\\ 0 & 0 & K_h(\ln G_{nxt}-\ln G_{xt})\end{pmatrix}$$

$$\begin{pmatrix}\ln Y_{1cxt}^{*}\\ \vdots\\ \ln Y_{ncxt}^{*}\end{pmatrix}-\begin{pmatrix}\ln Y_{1pxt} & \frac{\ln G_{1xt}-\ln G}{h}\ln Y_{1pxt}\\ \vdots & \vdots\\ \ln Y_{npxt} & \frac{\ln G_{nxt}-\ln G}{h}\ln Y_{npxt}\end{pmatrix}\begin{pmatrix}a_1\\ hb_1\end{pmatrix} \tag{6}$$

公式（6）对向量$\begin{pmatrix}a_1\\ hb_1\end{pmatrix}$求导的具体方法参见“广义矩 GMM”。

公式（6）对向量$\begin{pmatrix}a_1\\ hb_1\end{pmatrix}$求导。

$$[\hat{a}_1(\ln G),\ h\,\hat{b}_1(\ln G)]^{T}=(D_g^{T}W_gD_g)^{-1}D_g^{T}W_g(Y_C-Z\delta)\quad \underline{2\times1} \tag{7}$$

$\hat{\beta}_1(\ln G_{ixt})=(I_{1\times1}0_{1\times1})(D_g^{T}W_gD_g)^{-1}D_g^{T}W_g(Y_C-Z\delta)\quad \underline{1\times2}\times\underline{2\times1}$

$\hat{M}=Y_p\hat{\beta}_1(\ln G_{ixt})=(Y_p0_{n\times1})(D_g^{T}W_gD_g)^{-1}D_g^{T}W_g(Y_C-Z\delta)\quad \underline{n\times1}=\underline{n\times1}\times\underline{1\times1}=\underline{n\times2}\times\underline{2\times1}$

定义平滑矩阵 S 为：

$S=(Y_p0_{n\times1})(D_g^{T}W_gD_g)^{-1}D_g^{T}W_g\ \underline{n\times n}=(\underline{n\times2})\times((\underline{n\times2})^{T}\times\underline{n\times n}\times\underline{n\times2})^{-1}\times(\underline{n\times2})^{T}\times\underline{n\times n}$

M 的估计值则为：

$$\hat{M}=S(Y_C-Z\delta) \tag{8}$$

公式（8）中，平滑矩阵 S 只依赖于观测值（$\ln Y_{ipxt}$，$\ln G_{ixt}$），$i=1$，…，n。将$\hat{M}$代入模型（4）得到：

$$Y_C - Z\delta = S(Y_C - Z\delta) + v$$

$$(I-S)Y_C = (I-S)Z\delta + v \tag{9}$$

再运用最小二乘法估计上式，我们可以获得参数估计值：

$$\hat{\delta} = \{[(I-S)Z]^T[(I-S)Z]\}^{-1}[(I-S)Z]^T(I-S)Y_C$$

$$\hat{\delta} = [Z^T(I-S)^T(I-S)Z]^{-1}Z^T(I-S)^T(I-S)Y_C \tag{10}$$

进而可以得到：

$$\hat{M} = S(Y_C - Z\hat{\delta}) \tag{11}$$

对于参数部分，宽窗 h 的选择对于估计结果影响不大，而对于非参数部分，宽窗的不同选择直接导致不同估计结果，因此，本书首先在估计公式（10）时选择一个较小的宽窗，这样可以降低估计偏误；对于公式（11）估计用广义交叉验证（Generalized Cross - Validation，GCV）来选择最优宽窗。

附录九　完全数据下误差独立的半变系数模型

下面将对完全数据下误差独立的半变系数模型进行估计，假设所考虑的模型如下：

$$Y = X\alpha(T) + Z\beta + \varepsilon$$

$$\underline{n\times 1} = \underline{n\times p}\times\underline{p\times 1} + \underline{n\times q}\times\underline{q\times 1} + \underline{n\times 1} \tag{1}$$

其中，各矩阵的具体形式如下：

$$Y = \begin{pmatrix} Y_1 \\ \vdots \\ Y_n \end{pmatrix} \quad X = \begin{pmatrix} X_{11} & \cdots & X_{1p} \\ \vdots & \ddots & \vdots \\ X_{n1} & \cdots & X_{np} \end{pmatrix} \quad Z = \begin{pmatrix} Z_{11} & \cdots & Z_{1q} \\ \vdots & \ddots & \vdots \\ Z_{n1} & \cdots & Z_{nq} \end{pmatrix}$$

$$\alpha(\cdot) = \begin{pmatrix} \alpha_1(\cdot) \\ \vdots \\ \alpha_p(\cdot) \end{pmatrix} \quad \beta = \begin{pmatrix} \beta_1 \\ \vdots \\ \beta_q \end{pmatrix} \quad \varepsilon = \begin{pmatrix} \varepsilon_1 \\ \vdots \\ \varepsilon_n \end{pmatrix} \quad \varepsilon_t \sim N(0,\ \sigma^2)$$

将式（1）写成矩阵的形式如下：

$$\begin{pmatrix} Y_1 \\ \vdots \\ Y_n \end{pmatrix} = \begin{pmatrix} X_{11} & \cdots & X_{1p} \\ \vdots & \ddots & \vdots \\ X_{n1} & \cdots & X_{np} \end{pmatrix} \begin{pmatrix} \alpha_1(\cdot) \\ \vdots \\ \alpha_p(\cdot) \end{pmatrix} + \begin{pmatrix} Z_{11} & \cdots & Z_{1q} \\ \vdots & \ddots & \vdots \\ Z_{n1} & \cdots & Z_{nq} \end{pmatrix} \begin{pmatrix} \beta_1 \\ \vdots \\ \beta_q \end{pmatrix} + \begin{pmatrix} \varepsilon_1 \\ \vdots \\ \varepsilon_n \end{pmatrix}$$

公式（1）可以写成：

$$Y - Z\beta = X\alpha(T) + \varepsilon$$

$$\underline{n \times 1} - \underline{n \times p} \times \underline{p \times 1} = \underline{n \times q} \times \underline{q \times 1} + \underline{n \times 1} \tag{2}$$

定义 $Y^* = Y - Z\beta$，即：

$$Y^* = \begin{pmatrix} Y_1^* \\ \vdots \\ Y_n^* \end{pmatrix} = \begin{pmatrix} Y_1 \\ \vdots \\ Y_n \end{pmatrix} - \begin{pmatrix} Z_{11} & \cdots & Z_{1q} \\ \vdots & \ddots & \vdots \\ Z_{n1} & \cdots & Z_{nq} \end{pmatrix} \begin{pmatrix} \beta_1 \\ \vdots \\ \beta_q \end{pmatrix} \tag{3}$$

接下来，我们用局部线性回归的方法来估计模型的变系数函数 $\{\alpha_i(\cdot),\ i=1,\ \cdots,\ p\}$。假设 t 属于 t_0 的一个小领域，利用泰勒展开式，在这个局部区域内，α_i（t）可以用下面的线性函数来逼近：

$$\alpha_j(t) \approx \alpha_j(t_0) + \alpha'_j(t_0)(t - t_0) \equiv a_j + b_j(t - t_0),\ j = 1,\ \cdots,\ p \tag{4}$$

这样，问题就转换为求下面加权局部最小二乘问题的解了，即找到 $\{(a_j,\ b_j),\ i=1,\ \cdots,\ p\}$ 的估计使得其能最小化：

$$\sum_{i=1}^{n} \left\{ Y_i^* - \sum_{j=1}^{p} [a_j + b_j(t - t_0)] X_{ij} \right\}^2 K_h(t_i - t_0) \tag{5}$$

通过求解上述问题我们得到：

$$\sum_{i=1}^{n} \left\{ Y_i^* - \sum_{j=1}^{p} \left[a_j X_{ij} + h b_j \frac{t_i - t_0}{h} X_{ij} \right] \right\}^2 K_h(t_i - t_0) \tag{6}$$

公式（16）类似于“$Q = (Y - X\beta)^T W (Y - X\beta)$”的形式，其更准确的形式如下：

$$Q = \begin{pmatrix} Y_1^* \\ \vdots \\ Y_n^* \end{pmatrix} - \begin{pmatrix} X_{11} & \cdots & X_{1p} & \frac{t_1 - t_0}{h} X_{11} & \cdots & \frac{t_1 - t_0}{h} X_{1p} \\ \vdots & \ddots & \vdots & \vdots & \ddots & \vdots \\ X_{n1} & \cdots & X_{np} & \frac{t_n - t_0}{h} X_{n1} & \cdots & \frac{t_1 - t_0}{h} X_{np} \end{pmatrix}$$

$$\begin{pmatrix} a_1 \\ \vdots \\ a_p \\ hb_1 \\ \vdots \\ hb_p \end{pmatrix}^T \begin{pmatrix} K_h(t_1 - t_0) & 0 & 0 \\ 0 & \ddots & 0 \\ 0 & 0 & K_h(t_n - t_0) \end{pmatrix}$$

$$\begin{pmatrix} Y_1^* \\ \vdots \\ Y_n^* \end{pmatrix} - \begin{pmatrix} X_{11} & \cdots & X_{1p} & \frac{t_1 - t_0}{h}X_{11} & \cdots & \frac{t_1 - t_0}{h}X_{1p} \\ \vdots & \ddots & \vdots & \vdots & \ddots & \vdots \\ X_{n1} & \cdots & X_{np} & \frac{t_n - t_0}{h}X_{n1} & \cdots & \frac{t_1 - t_0}{h}X_{np} \end{pmatrix} \begin{pmatrix} a_1 \\ \vdots \\ a_p \\ hb_1 \\ \vdots \\ hb_p \end{pmatrix} \quad (7)$$

公式（7）对向量$\begin{pmatrix} a_1 \\ \vdots \\ a_p \\ hb_1 \\ \vdots \\ hb_p \end{pmatrix}$求导。

$$\underline{(\hat{a}_1(t), \cdots, \hat{a}_p(t), h\hat{b}_1(t), \cdots, h\hat{b}_p(t))^T}_{2p \times 1} = (D_t^T W_t D_t)^{-1} D_t^T W_t (Y - Z\beta) \quad (8)$$

在公式（8）中，$D_t = \begin{pmatrix} X_{11} & \cdots & X_{1p} & \frac{t_1 - t_0}{h}X_{11} & \cdots & \frac{t_1 - t_0}{h}X_{1p} \\ \vdots & \ddots & \vdots & \vdots & \ddots & \vdots \\ X_{n1} & \cdots & X_{np} & \frac{t_n - t_0}{h}X_{n1} & \cdots & \frac{t_1 - t_0}{h}X_{np} \end{pmatrix}$

显然，公式（8）中前 p 个元素就是$\begin{pmatrix}\alpha_1\\ \vdots\\ \alpha_p\end{pmatrix}$的估计，也即：

$$\hat{\alpha}(t)=\begin{pmatrix}\hat{\alpha}_1\\ \vdots\\ \hat{\alpha}_p\end{pmatrix}=(I_{p\times p}0_{p\times p})(D_t^TW_tD_t)^{-1}D_t^TW_t(Y-Z\beta)\quad \underline{p\times 2p}\times\underline{2p\times 1} \tag{9}$$

然而，公式（9）中 β 是未知的向量，于是为了得到$\hat{\alpha}(t)$，我们必须先估计出 β。下面利用得到的公式（9）来对 β 进行估计。由公式（9）可知：

$$X\hat{\alpha}(t)=X\begin{pmatrix}\hat{a}_1\\ \vdots\\ \hat{a}_p\end{pmatrix}$$

$$=\begin{pmatrix}X_{11}&\cdots&X_{1p}\\ \vdots&\ddots&\vdots\\ X_{n1}&\cdots&X_{np}\end{pmatrix}(I_{p\times p}0_{p\times p})(D_t^TW_tD_t)^{-1}D_t^TW_t(Y-Z\beta)$$

$$\underline{n\times p}\times\underline{p\times 2p}\times\underline{2p\times 1}$$

$$=(X_{n\times p}0_{p\times p})(D_t^TW_tD_t)^{-1}D_t^TW_t(Y-Z\beta)\quad \underline{n\times 2p}\times\underline{2p\times 1}$$

$$=S(Y-Z\beta)$$

即 $X\hat{\alpha}(t)=S(Y-Z\beta)$　　　　（10）

在公式（10）中，

$$X\cdot(I_{p\times p}0_{p\times p})=\begin{pmatrix}X_{11}&\cdots&X_{1p}\\ \vdots&\ddots&\vdots\\ X_{n1}&\cdots&X_{np}\end{pmatrix}\begin{pmatrix}1_{11}&\cdots&0&0_{11}&\cdots&0\\ \vdots&\ddots&\vdots&\vdots&\ddots&\vdots\\ 0&\cdots&1_{pp}&0&\cdots&0_{pp}\end{pmatrix}$$

$$=\begin{pmatrix}X_{11}&\cdots&X_{1p}&0_{11}&\cdots&0\\ \vdots&\ddots&\vdots&\vdots&\ddots&\vdots\\ X_{n1}&\cdots&X_{np}&0_{n1}&\cdots&0_{np}\end{pmatrix}$$

将公式（10）代入公式（1）可得：

$$Y=S(Y-Z\beta)+Z\beta+\varepsilon \tag{11}$$

$$(I-S)Y=(I-S)Z\beta+\varepsilon \tag{12}$$

再运用最小二乘法估计公式（12），我们可以获得参数估计值：

$$\hat{\beta}=\{[(I-S)Z]^T[(I-S)Z]\}^{-1}[(I-S)Z]^T(I-S)Y$$

$$\hat{\beta}=[Z^T(I-S)^T(I-S)Z]^{-1}Z^T(I-S)^T(I-S)Y \tag{13}$$

进而可以得到：

$$\hat{M}=S(Y-Z\hat{\beta}) \tag{14}$$

附录十　生命周期偏误

假设 y_{0a} 和 y_{1a} 分别为父亲和儿子年龄为 a 时的收入：

$$y_{0a}=\mu_a y_0+v$$

$$y_{1a}=\lambda_a y_1+u$$

则实践中估计的代际收入弹性为：

$$\hat{\beta}=\frac{\mathrm{Cov}(y_{1a},\ y_{0a})}{\mathrm{Var}(y_{0a})}$$

$$=\frac{\mathrm{Cov}(\lambda_a y_1+u,\ \mu_a y_0+v)}{\mathrm{Var}(\mu_a y_0+v)}$$

$$=\frac{\lambda_a\mu_a\mathrm{Cov}(y_1,\ y_0)}{\mu_a^2\mathrm{Var}(y_0)+\mathrm{Var}(v)}$$

$$=\frac{\lambda_a\mu_a\mathrm{Var}(y_0)}{\mathrm{Var}(y_0)+\mathrm{Var}(v_t)}\frac{\mathrm{Cov}(y_1,\ y_0)}{\mathrm{Var}(y_0)}$$

$$=\frac{\lambda_a\mu_a\mathrm{Var}(y_0)}{\mathrm{Var}(y_0)+\mathrm{Var}(v_t)}\beta$$

$$=\beta\lambda_a\theta_a$$

其中，$\theta_a=\left[\dfrac{\lambda_a\mu_a\mathrm{Var}(y_0)}{\mu_a^2\mathrm{Var}(y_0)+\mathrm{Var}(v)}\right]$

附录十一　一年数据的衰减偏误

儿子的临时收入可以表示为持久收入与临时波动的和：

$$y_{1t} = y_1 + \mu_t$$

父亲的临时收入可以表示为持久收入与临时波动的和：

$$y_{0t} = y_0 + v_t$$

实践中我们用来做回归的是 y_{1t}和 y_{0t}，即

$$\hat{\beta} = \frac{\mathrm{Cov}(y_{1t},\ y_{0t})}{\mathrm{Var}(y_{0t})}$$

而真实的情况应该是：

$$y_1 = \beta y_0 + \varepsilon$$

即

$$\beta = \frac{\mathrm{Cov}(y_1,\ y_0)}{\mathrm{Var}(y_0)}$$

故有：

$$\begin{aligned}
\hat{\beta} &= \frac{\mathrm{Cov}(y_{1t},\ y_{0t})}{\mathrm{Var}(y_{0t})} \\
&= \frac{\mathrm{Cov}(y_1 + \mu_t,\ y_0 + v_t)}{\mathrm{Var}(y_0 + v_t)} \\
&= \frac{\mathrm{Cov}(y_1,\ y_0)}{\mathrm{Var}(y_0) + \mathrm{Var}(v_t)} \\
&= \frac{\mathrm{Var}(y_0)}{\mathrm{Var}(y_0) + \mathrm{Var}(v_t)} \frac{\mathrm{Cov}(y_1,\ y_0)}{\mathrm{Var}(y_0)} \\
&= \lambda\beta
\end{aligned}$$

其中，λ 为衰减因子。

附录十二　T 年数据的衰减偏误

当使用父代和子代 T 年的平均收入数据时，

$$\hat{\beta}=\frac{\operatorname{Cov}\left(\frac{y_{11}+y_{12}+\cdots+y_{1T}}{T},\frac{y_{01}+y_{02}+\cdots+y_{0T}}{T}\right)}{\operatorname{Var}\left(\frac{y_{01}+y_{02}+\cdots+y_{0T}}{T}\right)}$$

$$=\frac{\operatorname{Cov}\left(\frac{Ty_1+u_1+u_2+\cdots+u_T}{T},\frac{Ty_0+v_1+v_2+\cdots+v_T}{T}\right)}{\operatorname{Var}\left(\frac{Ty_0+v_1+v_2+\cdots+v_T}{T}\right)}$$

$$=\frac{\operatorname{Cov}(y_1,\ y_0)}{\operatorname{Var}(y_0)+\frac{1}{T}\operatorname{Var}(v)}$$

$$=\frac{\operatorname{Var}(y_0)}{\operatorname{Var}(y_0)+\frac{1}{T}\operatorname{Var}(v)}\frac{\operatorname{Cov}(y_1,\ y_0)}{\operatorname{Var}(y_0)}$$

$$=\frac{\operatorname{Var}(y_0)}{\operatorname{Var}(y_0)+\frac{1}{T}\operatorname{Var}(v)}\beta$$

即此时衰减因子变为$\frac{\operatorname{Var}(y_0)}{\operatorname{Var}(y_0)+\operatorname{Var}(v)/T}$。

当 v 满足 $v_t=\delta v_{t-1}+w_t$ 时，$\operatorname{Var}(w)=(1-\delta^2)\operatorname{Var}(v)$，则有：

$$\hat{\beta}=\frac{\operatorname{Cov}\left(\frac{y_{11}+y_{12}+\cdots+y_{1T}}{T},\frac{y_{01}+y_{02}+\cdots+y_{0T}}{T}\right)}{\operatorname{Var}\left(\frac{y_{01}+y_{02}+\cdots+y_{0T}}{T}\right)}$$

$$=\frac{\operatorname{Cov}\left(\frac{Ty_1+u_1+u_2+\cdots+u_T}{T},\frac{Ty_0+v_1+v_2+\cdots+v_T}{T}\right)}{\operatorname{Var}\left(\frac{Ty_0+v_1+v_2+\cdots+v_T}{T}\right)}$$

$$=\frac{\operatorname{Cov}(y_1,\ y_0)}{\operatorname{Var}\left(\frac{Ty_0+v_1+v_2+v_3+v_4+\cdots+v_{T-1}+v_T}{T}\right)}$$

$$=\frac{\operatorname{Cov}(y_1,\ y_0)}{\operatorname{Var}\left[\frac{Ty_0+v_1+(\delta v_1+w_2)+(\delta^2 v_1+\delta w_2+w_3)+\cdots+(\delta^{T-1}v_1+\delta^{T-2}w_2+\delta^{T-3}w_3+\cdots+w_T)}{T}\right]}$$

$$=\frac{\mathrm{Cov}(y_1,\ y_0)}{\mathrm{Var}\left[\frac{Ty_0+(1+\delta+\cdots+\delta^{T-1})v_1+(1+\delta+\cdots+\delta^{T-2})w_2+(1+\delta+\cdots+\delta^{T-3})w_3+\cdots+(1+\delta)w_{T-1}+w_T}{T}\right]}$$

$$=\frac{\mathrm{Cov}(y_1,\ y_0)}{\mathrm{Var}(y_0)+\mathrm{Var}\left[\frac{(1-\delta^T)v_1+(1-\delta^{T-1})w_2+(1-\delta^{T-2})w_3+\cdots+(1-\delta^2)w_{T-1}+(1-\delta)w_T}{T(1-\delta)}\right]}$$

$$=\frac{\mathrm{Cov}(y_1,\ y_0)}{\mathrm{Var}(y_0)+\frac{1}{T^2(1-\delta)^2}\mathrm{Var}[(1-\delta^T)v_1+(1-\delta^{T-1})w_2+(1-\delta^{T-2})w_3+\cdots+(1-\delta^2)w_{T-1}+(1-\delta)w_T]}$$

$$=\frac{\mathrm{Cov}(y_1,\ y_0)}{\mathrm{Var}(y_0)+\frac{1}{T^2(1-\delta)^2}[(1-\delta^T)^2\mathrm{Var}(v)+(1-\delta^{T-1})^2\mathrm{Var}(w_2)+(1-\delta^{T-2})^2\mathrm{Var}(w_3)+\cdots+(1-\delta)^2\mathrm{Var}(w_T)]}$$

$$=\frac{\mathrm{Cov}(y_1,\ y_0)}{\mathrm{Var}(y_0)+\frac{(1-\delta^T)^2\mathrm{Var}(v)+[(1-\delta^{T-1})^2+(1-\delta^{T-2})^2+\cdots+(1-\delta^2)^2+(1-\delta)^2]\mathrm{Var}(w)}{T^2(1-\delta)^2}}$$

$$=\frac{\mathrm{Cov}(y_1,\ y_0)}{\mathrm{Var}(y_0)+\frac{(1-\delta^T)^2\mathrm{Var}(v)+[(1-\delta^{T-1})^2+(1-\delta^{T-2})^2+\cdots+(1-\delta^2)^2+(1-\delta)^2](1-\delta^2)\mathrm{Var}(v)}{T^2(1-\delta)^2}}$$

$$=\frac{\mathrm{Cov}(y_1,\ y_0)}{\mathrm{Var}(y_0)+\frac{\mathrm{Var}(v)}{T}\frac{(1-\delta^T)^2+[(1-\delta^{T-1})^2+(1-\delta^{T-2})^2+\cdots+(1-\delta^2)^2+(1-\delta)^2](1-\delta^2)}{T(1-\delta)^2}}$$

$$=\frac{\mathrm{Cov}(y_1,\ y_0)}{\mathrm{Var}(y_0)+\frac{\mathrm{Var}(v)}{T}\frac{(1-\delta^T)^2+[(1+\delta^{2(T-1)}-2\delta^{T-1})+(1+\delta^{2(T-2)}-2\delta^{T-2})+\cdots+(1+\delta^{2\times 1}-2\delta)](1-\delta^2)}{T(1-\delta)^2}}$$

$$=\frac{\mathrm{Cov}(y_1,\ y_0)}{\mathrm{Var}(y_0)+\frac{\mathrm{Var}(v)}{T}\frac{(1-\delta^T)^2+[T-1+(\delta^{2(T-1)}+\delta^{2(T-2)}+\cdots+\delta^{2\times 1})-2(\delta^{T-1}+\delta^{T-2}+\cdots+\delta)](1-\delta^2)}{T(1-\delta)^2}}$$

$$=\frac{\mathrm{Cov}(y_1,\ y_0)}{\mathrm{Var}(y_0)+\frac{\mathrm{Var}(v)}{T}\frac{(1-\delta^T)^2+\left[T-1+\frac{\delta^2(1-\delta^{2(T-1)})}{1-\delta^2}-2\frac{\delta(1-\delta^{T-1})}{1-\delta}\right](1-\delta^2)}{T(1-\delta)^2}}$$

$$=\frac{\mathrm{Cov}(y_1,\ y_0)}{\mathrm{Var}(y_0)+\frac{\mathrm{Var}(v)}{T}\frac{(1-\delta^T)^2+(T-1)(1-\delta^2)+\delta^2-\delta^{2T}-2\delta(1-\delta^{T-1})(1+\delta)}{T(1-\delta)^2}}$$

$$=\frac{\mathrm{Cov}(y_1,\ y_0)}{\mathrm{Var}(y_0)+\frac{\mathrm{Var}(v)}{T}\frac{1-2\delta^T+\delta^{2T}+T-1-(T-1)\delta^2+\delta^2-\delta^{2T}-2\delta+2\delta^T-2\delta^2+2\delta^{T+1}}{T(1-\delta)^2}}$$

$$=\frac{\mathrm{Cov}(y_1,\ y_0)}{\mathrm{Var}(y_0)+\frac{\mathrm{Var}(v)}{T}\frac{T-T\delta^2-2\delta+2\delta^{T+1}}{T(1-\delta)^2}}$$

$$
= \frac{\mathrm{Cov}(y_1, y_0)}{\mathrm{Var}(y_0) + \frac{\mathrm{Var}(v)}{T} \frac{T(1+\delta)(1-\delta) - 2\delta(1-\delta^T)}{T(1-\delta)^2}}
$$

$$
= \frac{\mathrm{Cov}(y_1, y_0)}{\mathrm{Var}(y_0) + \frac{\mathrm{Var}(v)}{T} \frac{T(1+\delta) - 2\delta \frac{(1-\delta^T)}{1-\delta}}{T(1-\delta)}}
$$

$$
= \frac{\mathrm{Cov}(y_1, y_0)}{\mathrm{Var}(y_0) + \frac{\mathrm{Var}(v)}{T} \frac{T(1-\delta) + 2\delta\left(T - \frac{1-\delta^T}{1-\delta}\right)}{T(1-\delta)}}
$$

$$
= \frac{\mathrm{Cov}(y_1, y_0)}{\mathrm{Var}(y_0) + \frac{\mathrm{Var}(v)}{T}\left[1 + \frac{2\delta\left(T - \frac{1-\delta^T}{1-\delta}\right)}{T(1-\delta)}\right]}
$$

参考文献

［1］陈琳，袁志刚．中国代际收入流动性的趋势与内在传递机制［J］．世界经济，2012（6）．

［2］程素敬．中国城乡收入不平等与流动性分析［D］．浙江工商大学，2011.

［3］邸玉娜．代际流动、教育收益与机会平等——基于微观调查数据的研究［J］．经济科学，2014（1）．

［4］方鸣．中国农村居民代际收入流动性研究［J］．中国农业大学学报（社会科学版），2010（2）．

［5］方鸣，应瑞瑶．中国城乡居民的代际收入流动及分解［J］．中国人口·资源与环境，2010（5）．

［6］范亚静．中国居民代际收入流动性——基于教育视角的分析［D］．南京财经大学，2013.

［7］郭丛敏．中国城镇居民教育与收入代际流动的关系研究［J］．教育研究，2007（5）．

［8］韩军辉．自助多水平统计模型在代际收入流动研究中的应用［J］．兰州学刊，2009（9）．

［9］韩军辉．关于我国居民代际收入流动的研究［J］．经济纵横，2009（10）．

［10］韩军辉．基于面板数据的代际收入流动研究［J］．中南财经政法大学学报，2010（4）．

［11］韩军辉，龙志和．基于多重计量偏误的农村代际收入流动分位回归研

究［J］. 中国人口科学，2011（5）.

［12］何晓琦，邓晓岚. 跨代收入流动及其评估［J］. 统计研究，2006（6）.

［13］李力行，周广肃. 代际传递、社会流动性及其变化趋势——来自收入、职业、教育、政治身份的多角度分析［J］. 浙江社会科学，2014（5）.

［14］李力行，周广肃. 家庭借贷约束、公共教育支出与社会流动性［J］. 经济学（季刊），2015（1）.

［15］林闽钢，张瑞利. 农村贫困家庭代际传递研究——基于 CHNS 数据的分析［J］. 农业技术经济，2012（1）.

［16］刘志国，范亚静. 代际收入流动性度量及其影响因素分析［J］. 经济问题探索，2012（9）.

［17］刘志国，范亚静. 教育的代际流动性影响因素分析［J］. 教育科学，2013（2）.

［18］舒元，才国伟. 不同教育融资体制下的人力资本积累［J］. 统计研究，2007（9）.

［19］王海港. 中国居民家庭的收入变动及其对长期平等的影响［J］. 经济研究，2005（1）.

［20］王海港. 中国居民收入分配的代际流动［J］. 经济科学，2005（2）.

［21］许志成，闫佳. 技能偏向型技术进步必然加剧工资不平等吗？［J］. 经济评论，2011（3）.

［22］尹恒，李实，邓曲恒. 中国城镇个人收入流动性研究［J］. 经济研究，2006（10）.

［23］杨娟，周青. 增加公共教育经费有助于改善教育的代际流动性吗？［J］. 北京师范大学学报（社会科学版），2013（2）.

［24］姚先国，赵丽秋. 中国代际收入流动与传递路径研究：1989－2000［D］. 浙江大学经济学院工作论文，2006.

［25］周波，苏佳. 财政教育支出与代际收入流动性［J］. 世界经济，2012（12）.

[26] 周兴，王芳．中国城乡居民的收入流动、收入差距和社会福利 [J]．管理世界，2010（5）．

[27] Aghion, P. and Bolton, P. A theroy of trickle – down growth and development [J]. Review of Income and Wealth, 1997, 64 (2): 151 – 72.

[28] Banerjee, A. and Newman, A. Occupational choice and the process of development [J]. The Journal of Political Economy, 1993 (101): 74 – 98.

[29] Becker, G. S. and Tomes, N. Human capital and the rise and fall of families [J]. The Journal of Labor Economics [J]. 1986 (4): 31 – 39.

[30] Becker G. S., Tomes N. An equilibrium theory of the distribution of income and intergenerational mobility [J]. The Journal of Political Economy, 1979, 87 (6): 1153 – 1189.

[31] Bjorklund Anders and Jantti, Markus. Intergenerational income mobility in sweden compared to the united states [J]. American Economics Review, 1997, 87 (5): 1009 – 1018.

[32] Corak, Miles and Heisz, Andrew. The intergenerational earnings and income mobility of canadian men: Evidence from longitudinal income tax date [J]. Journal of Human Resources, 1999, 34 (3): 504 – 533.

[33] Couch K. A., Dunn T. A. Intergenerational correlations in labor market status: A comparison of the united states and germany [J]. Journal of Human Resources, 1997, 12 (1): 210 – 232.

[34] Dearden L., Machin S., Reed H. Intergenerational mobility in britain [M]. centre for economic performance, London School of Economics and Political Science, 1996.

[35] Erosa, Andres and Tatyana Koreshkova. Progressive taxation in a dynastic model of human capital [J]. Journal of Monetary Economics, 1993 (54): 667 – 685.

[36] Galor, O. and Zeira, J. Income distributon and macroeconomics [J]. Review of Economic Studies, 1993 (60): 35 – 52.

[37] Hansen B. E. Threshold effects in non – dynamic panels: Estimation, testing, and inference [J]. Journal of Econometrics, 1999, 93 (2): 345 – 368.

[38] Hassler, Rodriguez and Zeira. Inequality and mobility [J]. Journal of Economic Growth, 2007 (22): 235 – 259.

[39] Lillard L. A., Kilburn M R. Intergenerational earnings links: Sons and daughters [M]. Rand, 1995.

[40] Nicoletti C., Tanturri M L. Differences in delaying motherhood across European countries: Empirical evidence from the ECHP [J]. European Journal of Population/Revue européenne de Démographie, 2008, 24 (2): 157 – 183.

[41] Nilsen, A. O. and Vaage, K., Aakvik, A. and Jacobsen K., Estimates of Intergenerational Elasticities Based on Lifetime Earnings [J]. IZA Discussion Papers 3709, Working Papers, 2008.

[42] Owen, A. L. and Weil, D. N. Intergenerational earnings mobility, inequality and growth [J]. Journal of Monetary Economics, 1998 (41): 71 – 104.

[43] Pekkarinen T., Uusitalo R, Kerr S. School tracking and intergenerational income mobility: Evidence from the Finnish comprehensive school reform [J]. Journal of Public Economics, 2009, 93 (7): 965 – 973.

[44] Piraino P. Comparable estimates of intergenerational income mobility in Italy [J]. The BE Journal of Economic Analysis & Policy, 2007, 7 (2): 124 – 148.

[45] Solon G. Intergenerational income mobility in the United States [J]. The American Economic Review, 1992, 24 (2): 393 – 408.

[46] Susan E. Mayer, Leonard M. Lopoo. Government spending and intergenerational mobility [J]. Journal of Public Economics, 2008 (92): 139 – 158.

[47] Tamotsu Nakamuraa and Yu Murayama. Education cost, intergenerational mobility, and income inequality V [J]. Economics Letters, 2011 (112): 266 – 269.

[48] Zimmerman, D. J., Regression towrd mediocrity in economic stature [J]. American Economic Review, 1992, 82 (3): 409 – 429.